科学身材管理
女性健美塑型全攻略

仲崇霞◎著

中国书籍出版社
China Book Press

图书在版编目 (CIP) 数据

科学身材管理：女性健美塑型全攻略 / 仲崇霞著. -- 北京：中国书籍出版社, 2021.3
ISBN 978-7-5068-8393-1

Ⅰ. ①科… Ⅱ. ①仲… Ⅲ. ①女性 - 健美运动 - 基本知识 Ⅳ. ① G883

中国版本图书馆 CIP 数据核字（2021）第 046314 号

科学身材管理：女性健美塑型全攻略

仲崇霞　著

责任编辑	张　娟　成晓春
责任印制	孙马飞　马　芝
封面设计	仙　境
出版发行	中国书籍出版社
地　　址	北京市丰台区三路居路 97 号（邮编：100073）
电　　话	（010）52257143（总编室）　（010）52257140（发行部）
电子邮箱	eo@chinabp.com.cn
经　　销	全国新华书店
印　　厂	三河市德贤弘印务有限公司
开　　本	710 毫米 × 1000 毫米　1/16
字　　数	201 千字
印　　张	15.25
版　　次	2022 年 1 月第 1 版
印　　次	2022 年 1 月第 1 次印刷
书　　号	ISBN 978-7-5068-8393-1
定　　价	56.00 元

版权所有　翻印必究

前言

健美塑型一直是女性关注的热门话题，也是女性追求美和健康的过程。

运动健美塑型赋予女性自信与迷人光彩，塑造女性丰富多样的美的形象。

本书聚焦女性健美塑型，为女性提供科学身材管理的知识与方法，阅读本书，遇见更好的自己。

翻开本书，开启健美塑型之旅。本书不仅可以帮助你正确认知健美塑型，了解自己的体型并树立正确的健康观；培养优雅的站姿、坐姿、走姿，纠正不良体态，塑造良好体姿；还可以帮助你结合自己的身型进行有针对性的局部或全身身材管理，进而塑造曼妙身姿。

想要更全面地健美塑型，不妨来尝试本书重点推荐学练的几个运动项目：瑜伽、普拉提、健美操、体育舞蹈。多种选择，有氧健身，活力燃脂。

月经期如何运动锻炼？产后如何塑身？不同职业怎样健美塑身更有针对性？中老年女性健美怎么做？本书为你一一答疑并提供健美塑型指导。

此外，本书还特别设置了"各抒己见""塑身贴士"两个版块，为你提供丰富、实用、有趣的健美塑型攻略。

收获健康，收获良好心态与美好生活，赶快跟随本书，一起运动，一起秀出健美好身材！

作者
2021 年 1 月

目 录

前言　/ I

第一章
健美塑型：爱美之心人皆有之　/ 001

完美身材，有标准吗　/ 003
你了解自己的体型吗　/ 011
运动与健美塑型　/ 015
身体可塑性　/ 025
环肥燕瘦，健康才是美　/ 029

第二章
气质如兰：良好的体姿焕发迷人魅力　/ 033

优雅站姿、坐姿、走姿　/ 035
常见不良体态如何纠正　/ 049

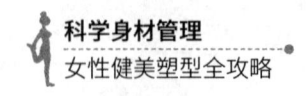

第三章
曼妙身姿：有针对性的健美训练　/ 063

胸部健美　/ 065

修长四肢如何养成　/ 069

塑造美背与细腰　/ 079

这样做，你也能拥有马甲线　/ 089

提臀练习　/ 093

第四章
轻盈体态：有氧运动的优雅塑型　/ 097

瑜伽　/ 099

普拉提　/ 129

第五章
活力燃脂：动感操舞秀出好身材　/ 137

健美操　/ 139

体育舞蹈　/ 153

第六章
秀外慧中：克制理性，科学塑身不盲从 / 167

正确看待肥胖 / 169

控制饮食，但不一味地少吃 / 175

养成良好饮食习惯 / 181

常见伤病如何正确应对 / 187

第七章
不负韶华：任何时候你都值得拥有好身材 / 203

月经期运动健康与健美锻炼 / 205

没时间去健身房，办公室 5 分钟塑型 / 215

产后塑身，美丽辣妈这样做 / 225

中老年女性健身健美 / 229

参考文献 / 233

第一章

健美塑型

爱美之心人皆有之

美有千千万万种。

健康之美是美永恒的标准，备受肯定。

健美塑型是女性追求美、达到美、呈现美的过程。

认识健美，关注运动健康，

诠释健康魅力，呈现健美身型。

完美身材，有标准吗

各抒己见

你会如何描述或评价自己的身材？如果让你改善身材，你最想改善哪一部分？

你觉得什么样的身材才是完美的身材？你身边有没有身材特别好的女性朋友？你知道她们是怎样管理身材的吗？

不同的身材审美

作为女性，你身边一定不会缺少关于"美"的话题，美妆、美食、美衣、美颜……当然，更值得讨论的是"健美的身材"。

你与你的身体朝夕相处，你的一切美都离不开一个健康的身体，只有身体健康，其他的"美"才有意义。

每个人的审美水平不同、标准不同，对"完美身材"的看法也不同。那么什么样的身材才是"完美身材"呢?"完美身材"真的存在吗?

不同身材,各具魅力

让所有人都拥有所谓的"标准身高""标准比例",所有人都一模一样,是不现实的,也是非常可笑的想法。

这个世界上,不存在所谓的"完美身材",没有人可以定义完美身材。

高、矮、胖、瘦,各有特色,美的身材应该是多种多样的。而且,无论哪一种美的身材,都应以身体健康为前提。

在健康的基础上追求美,才是健美的意义所在。

形体美的"标准"

在正式讨论形体美的"标准"之前,必须强调的是,这里的"标准"是基于大众平均身材和大众一般性审美的基础上提出的一个"适宜性数值或范围"，并非"绝对标准"。

如果你的身材越接近形体美"标准数值或区间"，则说明你的形体越具有美感；如果你的身材与"标准数值或区间"有差距，也不能就因此判定你的形体是不美的。对于这一点一定要有正确的认识。

要了解人体形体美的标准，应重点关注体型、形态两大方面的内容。

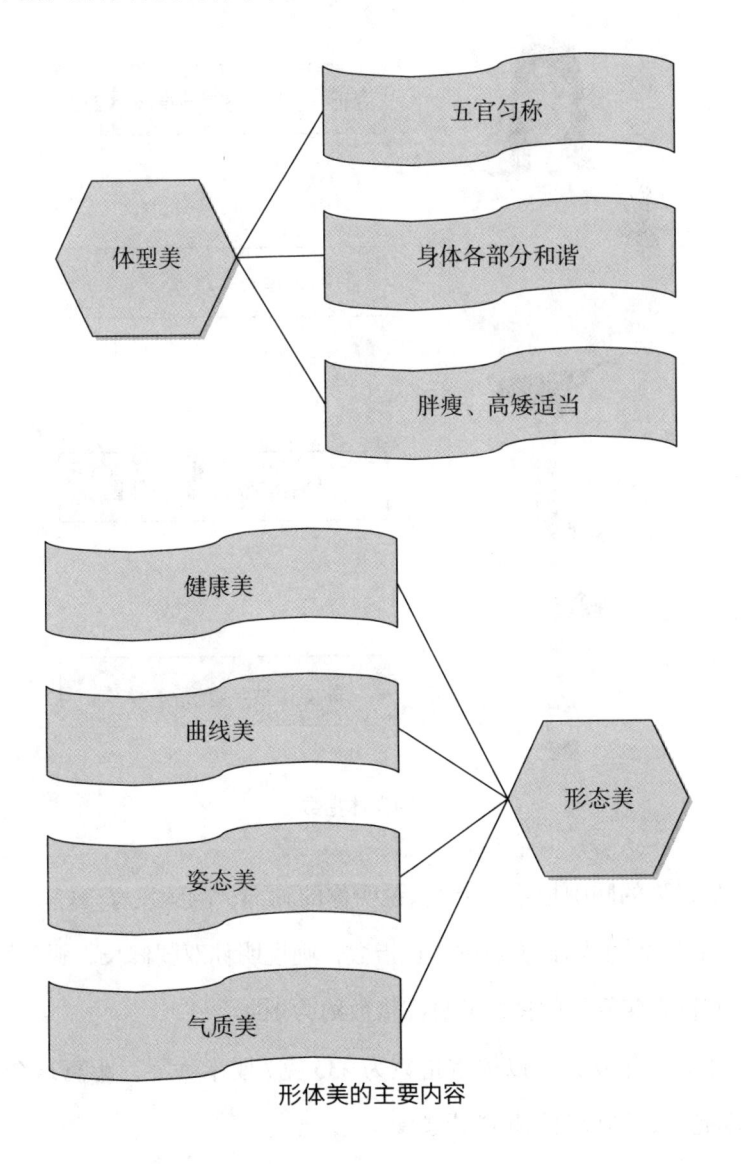

体型美
- 五官匀称
- 身体各部分和谐
- 胖瘦、高矮适当

形态美
- 健康美
- 曲线美
- 姿态美
- 气质美

形体美的主要内容

❀ 体型美

人的体型各不同，并没有"某一种体型最美"之说，但是通过一些数据可以判断你的身材比例是否协调。

通过不同的身体指数计算，能帮助你更好地了解自己的体型。

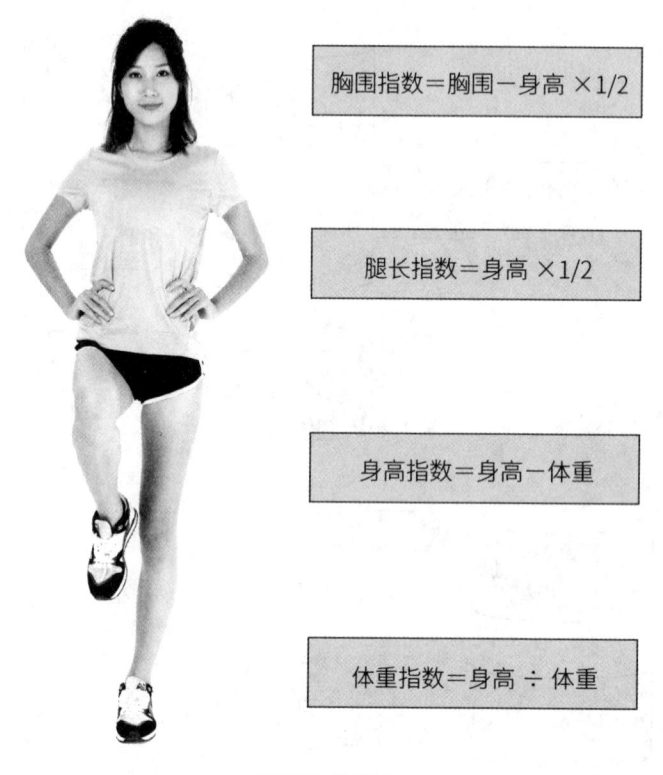

胸围指数＝胸围－身高×1/2

腿长指数＝身高×1/2

身高指数＝身高－体重

体重指数＝身高÷体重

不同身体指数

- 如果你的胸围指数大于1，说明你的胸部、胸廓发育良好。
- 如果你的实际腿长超过腿长指数，则说明你双腿修长、腿部发育好。
- 我国青年女子的良好的身高指数约为104。
- 作为成年女性，以体重指数为335克/厘米为界，距离这个指数的上下浮动越大，则说明你越胖或越瘦。

❋ 形态美

女性的形态美受多种因素的影响，如遗传、身体结构、生理机能以及习惯性的行为、动作、姿态等。

在不同影响因素的共同作用下，一个人展现出的身体最直观的视觉印象就是形态。

如果你要了解自己的形态，应重点关注健康美、曲线美、姿态美、气质美四个方面。

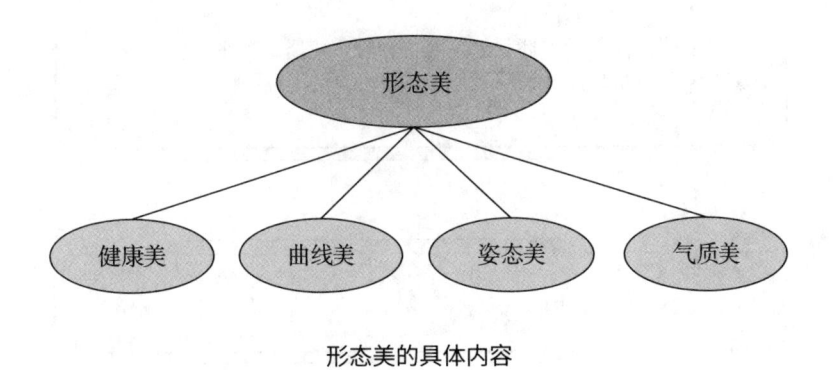

形态美的具体内容

健康美——形体美的基础。

从健康的角度来考虑形体美是必要的。过于肥胖不仅会让你行动迟缓，还有可能引发很多肥胖性疾病，影响健康。当然，骨瘦如柴、弱不禁风的身体形态也是不健康的。

有很多人担心参与运动健身会练出"大块头"的肌肉，你是不是也有这样的顾虑呢？

事实上，女性的生理特点决定了，女性是很难练就像男性那样发达的肌肉。因此，放心去健身吧，让自己充满朝气与活力！

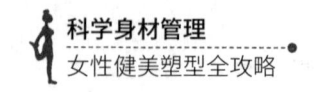

曲线美——女性特有的美。

胸、腰、臀、腿构成和谐的曲线，丰满而不肥胖（健康美），苗条而不瘦弱（精干美）。

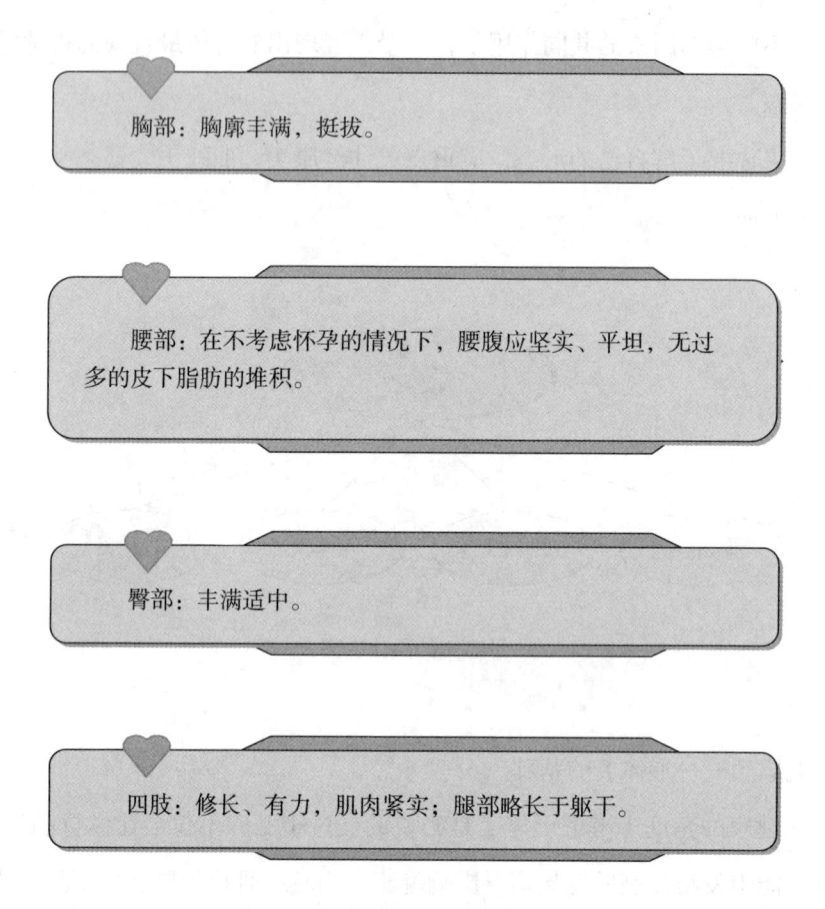

胸部：胸廓丰满，挺拔。

腰部：在不考虑怀孕的情况下，腰腹应坚实、平坦，无过多的皮下脂肪的堆积。

臀部：丰满适中。

四肢：修长、有力，肌肉紧实；腿部略长于躯干。

女性曲线美的具体表现

姿态美——女性魅力的展现。

女性姿态美，既能表现出女性特有的形体造型美，又能展示其精神状态和文化修养。

女子的姿态美表现在优美的坐姿、站姿、走姿等方面。良好的姿态，能让你在举手投足之间尽显女性魅力。

气质美——女性内秀外显之美。

气质是人的典型个性特征、气度的表现。

女性气质表现在多个方面,不同气质各具特色,由内而外地表现出女性的家庭教养、成长经历、文化修养水平等。

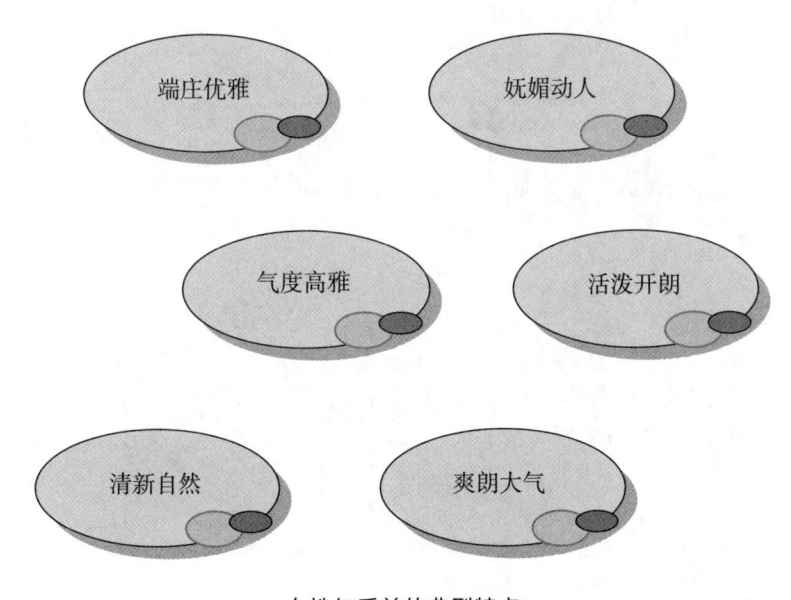

- 端庄优雅
- 妩媚动人
- 气度高雅
- 活泼开朗
- 清新自然
- 爽朗大气

女性气质美的典型特点

气质反映了一个人的生活态度、个性审美、言行准则,是一个人自然美的重要表现。

你了解自己的体型吗

各抒己见

你有没有和朋友讨论过彼此的体型？不同体型都有哪些优点和缺点？你知道自己属于哪种体型吗？

你是因为什么原因而关注自己的体型的？你觉得自己的体型具有什么样的特点？有哪些需要改善的方面呢？

美虽然没有唯一的标准，但是美一定是有规则的。你一定知道，无论是健美减脂，还是着装打扮，都应充分考虑自己的身材和体型，做到扬长避短。

那么，人的体型可分为哪几种呢？如何更直观地了解体型？你的体型又属于哪一种体型呢？

一般的，人的体型可以大致分为五种，可以抽象地将它们分别概括为正三角形（也有称梨形）、倒三角形、椭圆形（也有称苹果形）、长方形（也有称H形）和沙漏形。

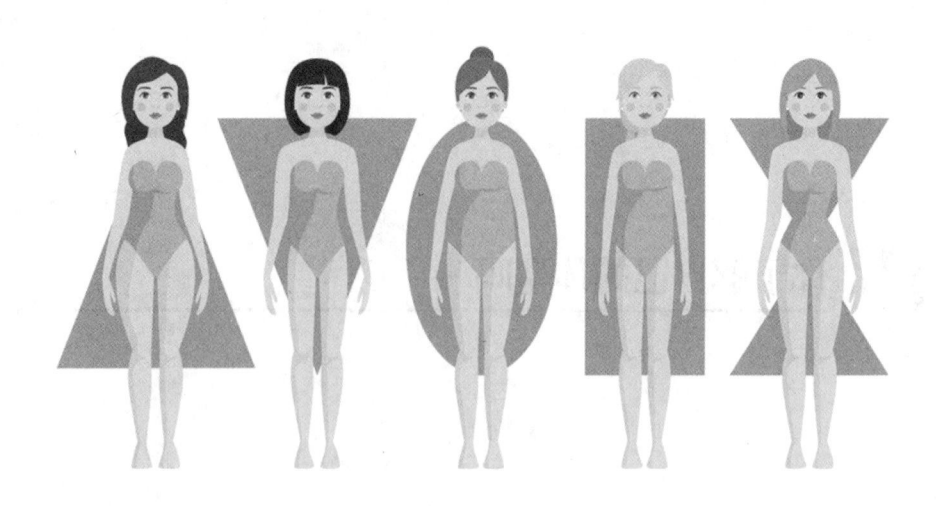

科学身材管理
女性健美塑型全攻略

不同的体型

通过体型与几何抽象图形的对比，你会对自己的体型有一个更直观的了解，这样你就能更有针对性地参与健身健美运动了。

正三角形体型	多从事一些需要下肢参与的运动，如健美操、跑步、跳绳。
倒三角形体型	多从事一些手臂力量练习，注意训练强度不要太大。
椭圆形体型	多从事一些需要全身参与的运动，如游泳、健美操、体育舞蹈、瑜伽。

| 长方形体型 | 可供选择的运动项目较多，根据自己的运动喜好选择。 |
| 沙漏形体型 | 多从事需要四肢参与的运动，推荐参与羽毛球、网球、游泳、瑜伽、普拉提、健美操等。 |

不同体型推荐参与的健身健美运动

运动与健美塑型

女性运动健美热潮

科学的身材管理离不开积极的运动参与，运动对健美身型的塑造具有积极的作用。

健身房里参与运动健身塑型的女性

科学身材管理
女性健美塑型全攻略

　　随着越来越多的女性对健美身材的重视，女性运动热潮持续高涨，健美塑型备受关注。

在户外参与运动健身塑型的女性

第一章
健美塑型：爱美之心人皆有之

健美塑型运动内容丰富多彩，女性可结合自身需求和喜好选择参与

通过科学参与体育运动，越来越多的女性实现了对自我身材的科学管理，拥有了更健美的形体。还有很多女性因为参与运动健美塑型而在生活、事业上有了更多新变化、新进展，如心态更积极向上，成为职业健身教练，参加马拉松并取得不错的成绩等。

运动塑身的原理

关于"运动有助于健美塑型"这个观点你一定再熟悉不过，但你知道为什么运动有助于健美塑型吗？

接下来详细了解一下运动塑身的原理。

运动燃脂

运动过程中，身体热量消耗会增加，在不增加热量摄入的情况下，脂肪会被大量消耗。

参与健美运动时，身体处于运动状态，在这种状态下，身体消耗的能量要比安静状态下消耗的能量多，带给身体最直接的能量消耗。

塑身贴士

燃烧你的卡路里

卡路里（calorie），简称"卡"，音译而来，是一种热量单位，被广泛使用在营养计量上。

一个正常成年女子，一天所需要的热量是多少呢？

每日所需热量＝人体基础代谢所需热量＋体力活动所需热量＋消化食物所需热量

如果一段时间内，你每天摄入的热量大于所需热量，那么你就会变胖。

减少热量摄入

增加热量消耗

运动，是燃烧卡路里的最佳方式

❖ 改变肌肉体积

当你在参与运动时，例如参与健美操运动，每做一个动作，都需要活动身体某一部分或某几部分的肌肉群，这其中包括大肌群和很多小肌群。

运动对肌肉的活动刺激，能增加脂肪消耗，减少脂肪堆积，让肌肉更加紧实，肌肉线条更加优美。

肌肉体积变小了，肌肉线条流畅了，自然会呈现出瘦的效果。

❖ 改善内分泌

现代女性面临学业、家庭、工作等多方面的压力，有很多女性会出现因内分泌失调而导致肥胖的情况。

参与健身健美运动，能刺激身体的不同器官活跃、高效工作。在这一过程中，不同器官的腺体分泌会发生改变，进而影响到身体的内环境发生改变，避免腺体失常、内分泌失调引发肥胖。

运动对身体器官、腺体的积极性刺激，有助于让身体进入一个良好而积极的状态，让你充满活力、实现瘦身、改善气色。

❖ "多动少吃自然瘦"

人体的热量（脂肪）储备是相对稳定的，在此基础上，一方面通过运动增加热量消耗，一方面科学控制饮食摄入，这样双管齐下，就可实现塑身的目的。

有很多手机App都支持食物热量的计算，这样你就能大致了解你一天或一餐的热量摄入，以及一次运动所消耗的热量。

查看食物热量

此外，运动期间，在确保充足优质营养摄入的情况下，减少垃圾食品、高热量食品、油炸食品的摄入，让运动健身与合理膳食搭配进行，可以达到瘦身效果。

需要特别提醒你的是，任何时候都要重视科学因素，限制热量摄入并不意味着"不吃"，催吐、过度节食等做法都是错误的、不可取的。

❧ "呼吸也能瘦"

很多运动健身项目对运动者的呼吸有严格的要求，通过呼吸的调节能间接地实现健美塑型。

运动对呼吸的关注，以瑜伽运动最为典型。

口呼吸　自然呼吸
喉呼吸　胸式呼吸
全肺呼吸　腹式呼吸
风箱呼吸　黑蜂呼吸

瑜伽常见呼吸方法

瑜伽呼吸法是瑜伽运动中比较特别的呼吸方法，特点是呼吸深长、平静、投入。

深长的呼吸，能为身体提供比安静状态下更多的氧气，有助于身体保持活力。

平静的呼吸有助于降低大脑兴奋性，抑制你对食物的渴望，可以有效避免过量饮食。

呼吸的投入需要胸部、腹部肌肉的共同参与，有助于肠胃蠕动，也能有效防止便秘和减少腹部赘肉。

瑜伽的特殊呼吸能最大限度地调动身体积极参与到运动中去，让身体的器官与肌肉都能得到很好的锻炼。每一次的呼吸起伏，都是一次良好的肌肉按摩、热量消耗。

身体可塑性

试想，如果一个人的身体发育、发展完全受遗传因素的影响，其他外在因素不能影响身体，那么运动塑身还可行吗？

通过参与运动来实现对身材的科学管理，一个重要的原因就在于，身体可以通过后天运动得到改善，身体具有可塑性。

肌肉的可塑性

运动对肌肉的影响，是很容易被身体感知的。你一定有过如下经历。

在做每一个健身动作时，感到肌肉紧绷、肌肉被用力拉伸。

高强度的运动之后，你会感觉到肌肉酸痛，在高强度运动的第二天，这种感觉尤为明显。

这些运动感觉都充分说明了运动可以影响肌肉，而肌肉参与运动可发生一些变化，包括肌肉结构和肌肉形态的变化。

参与力量训练，可改变肌肉的生理横断面，使肌肉块增大或缩小（紧实），向着需要的方向发展，身体的线条就会变得更加流畅，从而实现运动塑身。

与成人相比，青少年的肌肉比较柔软，肌纤维较细，具有更大的可塑性。

皮下脂肪的可塑性

皮下组织是人体内脂肪最大的储存场所。

与男性相比，女性皮下脂肪较多，故而女性的线条看起来更圆润、皮肤更有弹性。

不同的人，皮下脂肪存储量不同。对于同一个女性来说，不同部位的皮下脂肪的存储量也是不一样的。

因此，如果你想要进行局部塑型，可以专门针对身体的某一部分或某几部分展开运动健身锻炼，以减少脂肪堆积。

塑身贴士

脂肪越少越好吗

有人说，"脂肪堆积越少越好"，但真的是这样吗？当然不是。

在人体中，脂肪包围着器官，能对器官起到保护作用；脂肪还能起到保温作用，让我们的体温保持相对恒定。

此外，一些皮下脂肪起着塑造人体外形美的作用，可以让你看起来更丰腴，例如胸部、臀部的脂肪。

骨骼的可塑性

骨骼也具有可塑性？当然了！骨骼的可塑性在青少年时期是最明显的。

你会发现，在青少年人群中，经常参与运动的人会比不参与运动的人平均身高要高一些，这正是运动促进骨骼生长发育的结果。

但是"欲速则不达"，我们不建议青少年女性过早参与高强度的运动，以免长骨两端的骺软骨过早骨化而影响身高的正常发育。

你还必须清楚地认识到，长时间的站立和负重，可能引发下肢骨弯曲和足弓塌陷，导致 O 型腿和 X 型腿。正确的形体训练可以纠正不良体姿，让骨骼向着良好的方向发展，让形体更修长、挺拔。

环肥燕瘦，健康才是美

各抒己见

你平时都穿什么码数的衣服？就你自己的身材和体型而言，你觉得自己应该更胖一些还是更瘦一些呢？

胖瘦是评价人体美的唯一标准吗？你对身材的美有什么与众不同的看法吗？什么样的美才是健康美？

勿以胖瘦论美

在我国古代，唐宋时期的审美颇为典型，唐时以胖为美，宋时以瘦为美。

在现代，人们对优美身材的标准的制订更加多元，对美的态度更加开放，人体美，不再仅局限于对身体胖瘦的评判。

健康与美紧密结合。

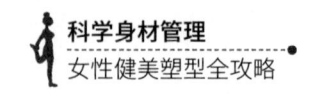

关注身体健康

我们身边有很多鲜明的例子，如某位朋友坚持锻炼一年，身体健康，形体匀称，气色好；某位朋友因过度节食引发了肠胃疾病。可见，身体健康对于每个人来说都是非常重要的。

身体健康表现在多个方面，任何一方面的不适都是一种健康"预警"，说明你的身体可能会出现健康问题，一定要引起重视。

快食：吃得顺利、津津有味，不偏食、挑食，不狼吞虎咽。

快眠：睡得舒畅，一觉睡到天明，睡醒后没有乏力感。

快便：不便秘，排泄后轻松自如。

快语：头脑清晰、思维敏捷，说话流利、有重点、表达准确。

快行：行动协调自如，身体敏捷，动作流畅。

身体健康的重要表现

塑身贴士

多维健康

如果你认为健康就只是指身体健康，那你可就大错特错了，健康应该是多维的，它包括多个方面。

女性应重视自身健康，在身体健康的基础上，关注其他健康内容，全面的健康才是真正的健康。

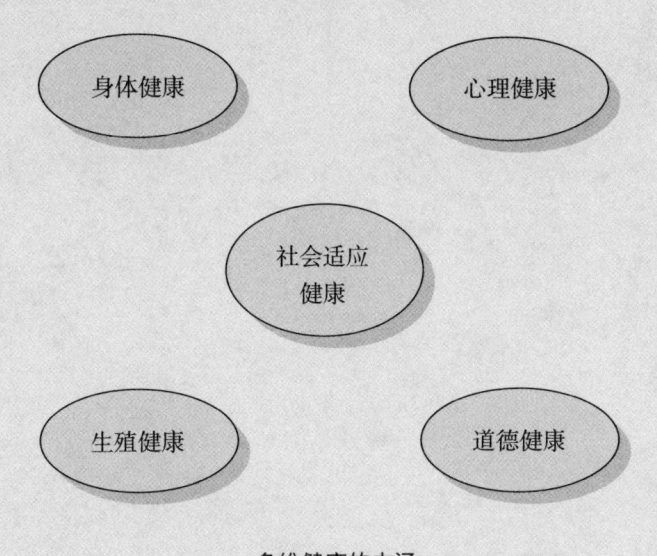

- 身体健康
- 心理健康
- 社会适应健康
- 生殖健康
- 道德健康

多维健康的内涵

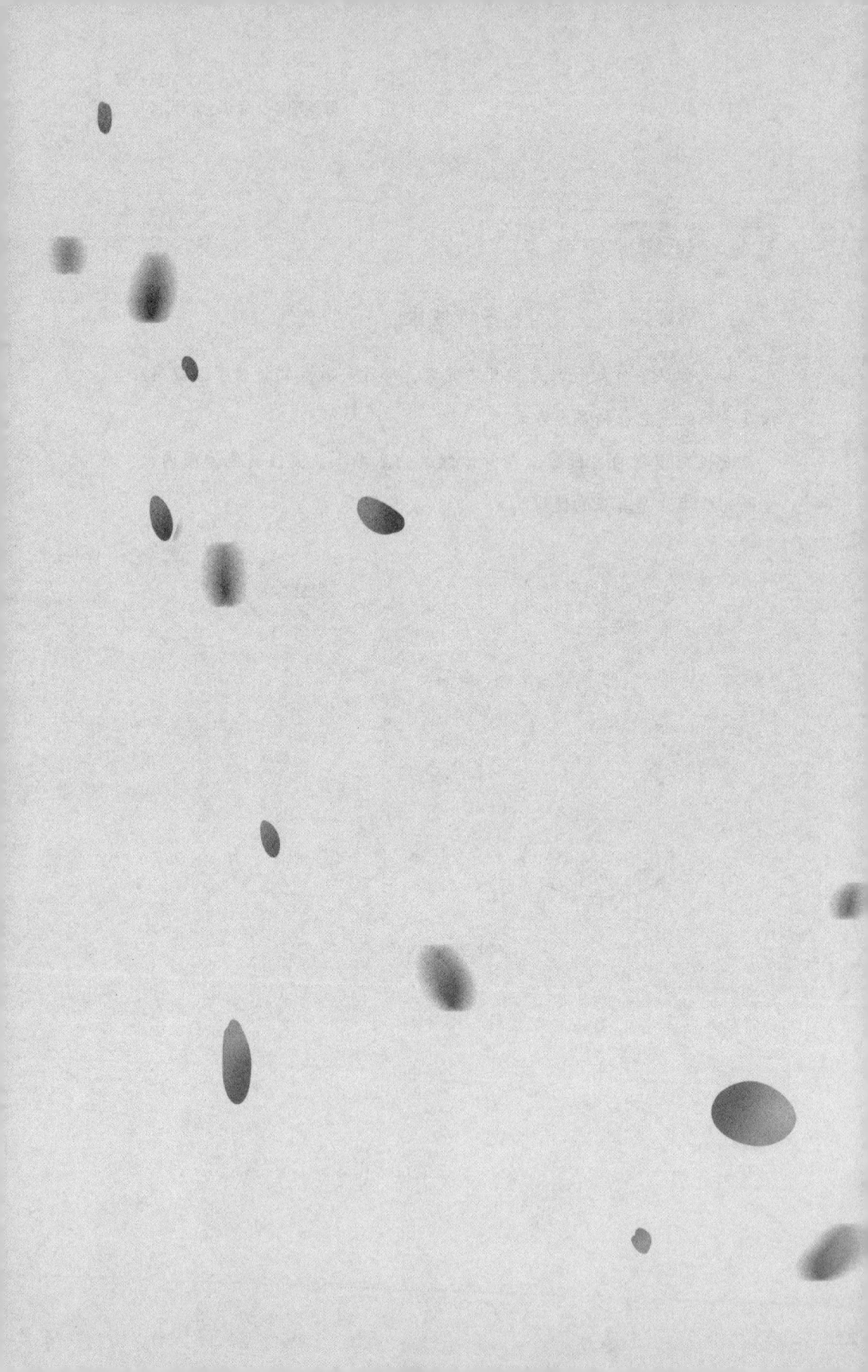

第二章

气质如兰

良好的体姿焕发迷人魅力

身边那些气质好、形象佳的女性是否让你羡慕不已?

那怎样才能拥有好的气质和形象呢?

保持优雅美丽的体姿,你就能实现这个愿望。

跟随我一起了解培养优雅体姿的方式,

让你的好气质从内而外地散发出来!

优雅站姿、坐姿、走姿

各抒己见

　　优雅大方的站姿、坐姿和走姿会让你更加自信、美丽。尤其在一些重要的场合，保持优雅的姿态会让你赢得更多的肯定和赞赏。

　　在日常生活或者一些正式场合中，你能够一直保持优雅的姿态吗？有没有"偷懒放松""不顾形象"的时候？

优雅的站姿

　　优雅的站姿让你显得端庄挺拔，受到别人的喜爱和尊重，也让别人感受到被尊重。

　　优雅的站姿也会让你显得沉稳、自信，从而赢得别人的信赖，收获更多友谊和成功。

　　优雅的站姿还能帮你塑身，让你的身材越来越好。

科学身材管理
女性健美塑型全攻略

第二章
气质如兰：良好的体姿焕发迷人魅力

不同站姿

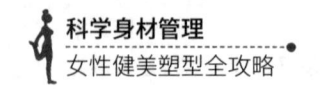

优雅的站姿有其相对严谨的要求，要保持优雅站姿，也要经过一定的训练。下面，随我去了解一下优雅站姿的要求和训练方法吧！

❀ 怎样站才更优雅

要想有优雅的站姿，身体的各个部位都应仪态良好且各部分应协同配合。

- 头部放正，目光直视
- 下巴微收，表情自然
- 背脊伸直，胸部挺立
- 双肩持平、放松
- 双臂自然下垂
- 随时保持收腹、提臀
- 双腿并拢
- 身体重心落在双脚
- 不随意抖动、摇晃身体

优雅站姿的要求

❀ 优雅站姿训练

优雅站姿的关键在于立挺腰背、收腹、提臀、向上提气，站姿训练可以让你的身体记住正确的站立姿势和感觉，这样你就会一直保持优雅的站姿。

◆ 照镜子站立：在镜前按正确站姿站好，保持10秒，放松身体，重复以上过程。更好地观察自己的体态，发现并纠正不良姿势。

◆ 分腿立：双脚开立，双手叉腰，双肘稍微向前，然后收腹提臀、挺胸、伸直腰背、双肩后张下沉。

◆ 单腿立：自然站立，一腿直立支撑，另一腿屈膝抬起，上体侧转，以提高腿的控制力，让腿形更修长。

优雅站姿的训练方法

特别需要提出的是，贴墙站立也是一个非常不错且有效的培养良好站姿的方法。贴墙站立能使头、躯体和腿部保持在一条直线上，使站姿优雅。

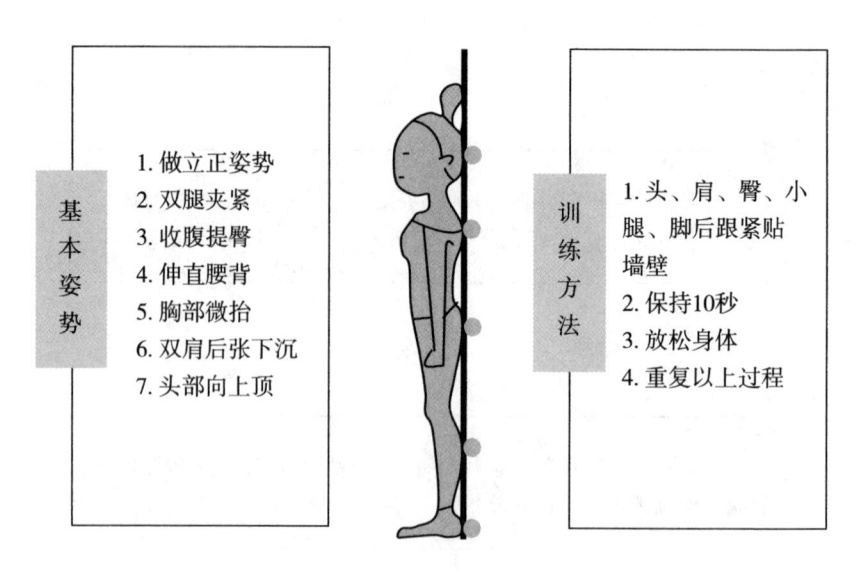

科学身材管理
女性健美塑型全攻略

基本姿势	训练方法
1. 做立正姿势 2. 双腿夹紧 3. 收腹提臀 4. 伸直腰背 5. 胸部微抬 6. 双肩后张下沉 7. 头部向上顶	1. 头、肩、臀、小腿、脚后跟紧贴墙壁 2. 保持10秒 3. 放松身体 4. 重复以上过程

贴墙训练站姿的方法及示意图

优雅的坐姿

怎样坐才更优雅

场合不同、着装不同，坐姿也会有所不同。女性优雅大气的坐姿关键在于腰部的支撑，即不管何种坐姿，腰部始终要保持挺立。

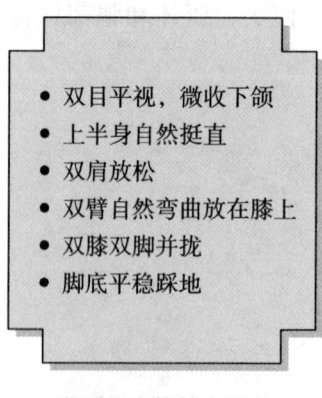

- 双目平视，微收下颌
- 上半身自然挺直
- 双肩放松
- 双臂自然弯曲放在膝上
- 双膝双脚并拢
- 脚底平稳踩地

优雅坐姿的基本要求

第二章
气质如兰：良好的体姿焕发迷人魅力

科学身材管理
女性健美塑型全攻略

不同坐姿

下面介绍女性的几种常见的优雅坐姿：正襟危坐、双腿叠放、前伸后屈。

正襟危坐

双膝双脚完全并拢，上身与大腿、大腿与小腿、小腿与地面成直角。这种坐姿适用于正规的谈话、会谈等场合。

双腿叠放

双腿上下交叠起来，双腿中间没有缝隙。双腿成45°角斜放在左边或者右边，叠放在上的脚尖垂向地面。这种坐姿适合穿裙子的女性。

前伸后屈

保持基本姿势的基础上，分别将一条腿向前伸，一条腿向后屈，双脚脚掌均着地，并且前后两脚要在同一条直线上。这种坐姿适用于社交场合。

常见优雅坐姿

❀ 优雅坐姿训练

如果你想成为一名有魅力、有气质的女性，那么拥有优雅的坐姿就变得非常重要了，并且优雅的坐姿也有益于你保持健美的体型。

盘腿坐：挺胸收腹，挺直腰背，重心落在臀部，肋骨与头颈向上提升，微收下颌，双手自然摆放。

侧坐：肩膀放松下沉，双膝稍微分开，头、肩、臀在一条直线上，上体微前倾，挺直后背。

优雅坐姿的训练方法

优雅的走姿

走姿对一个人的气质、健康状况、个性、审美、品味以及修养都有非常重要的影响。

怎样走才更优雅

要想拥有优雅的走姿，就需要掌握一定的走路方式，尽量规范自己的走路姿态。

- 大腿带动小腿，不摆臀扭腰
- 脚着地时从脚跟柔和过渡到前脚掌
- 双目平视、下颌微收
- 颈部挺直、收腹挺胸
- 双肩放松，自然地前后摆动
- 沿一条直线或两条平行线迈步
- 步伐稳健、步态轻盈

优雅走姿的基本要求

塑身贴士

穿高跟鞋时的走路姿势

爱美的女性多喜欢穿高跟鞋，那么穿高跟鞋的走路姿势是什么样呢？

前文谈到，走路时要脚跟先着地，这是穿平底鞋时的走法，如果你穿着高跟鞋走路时也让脚跟先着地，那就会形成脚尖抬起、膝盖不能伸直的不雅姿势。

所以，刚学穿高跟鞋的你一定要练习脚尖先着地的走法，就像跳芭蕾舞一样，先将脚尖伸出去。

❦ 优雅走姿训练

要想拥有优雅的走姿，提高足部的力量和控制力、加强全身协调性非常重要，以下方法可以帮到你。

> 足部力量训练：坐在凳子上，用脚趾夹起地上的小物件（如笔、鹅卵石等），然后努力抛向远处。

> 站立提踵训练：站立踮脚尖，膝关节伸直，最大限度地提起脚跟，然后还原。重复以上动作25～30次后放松。

> 足尖、足跟、足外侧交替走训练：先直立站定，两手叉腰，再用足尖、足跟、足外侧各走5～6米后放松，行走时膝关节伸直。

> 脚背屈伸训练：成直角坐在垫子上，双手撑地，双腿并拢伸直，然后做脚背屈伸练习，按照自己的情况拟定训练时间。

> 脚踝环绕训练：成直角坐在垫子上，双手撑地，双腿并拢伸直，两脚以最大幅度交织环绕练习，按照自己的情况拟定训练时间。

足部力量和控制力训练方法

提高身体的平衡性与协调性，能让你的身体在移动的过程中更加行动自如、优雅流畅。

> 平衡感训练：走路时头顶放一本书，目视前方，背部挺直，上半身不摇晃，不要让书掉下来。

> 直线走训练：沿长直线（如地砖线）走，每次只能让脚内侧碰到线条的边缘。

平衡感和直线走训练方法

常见不良体态如何纠正

各抒己见

一些不良体态一旦形成,可能会越来越严重,不仅会影响美观,还会影响身体健康。纠正不良体态可以让你的身材更加健康、优美!

你或你身边的朋友存在哪些不良体态呢?有没有尝试过纠正?纠正效果如何?

不良体态的常见原因

不良体态可由多种原因导致。不同的原因可导致身体不同位置的体态异常。

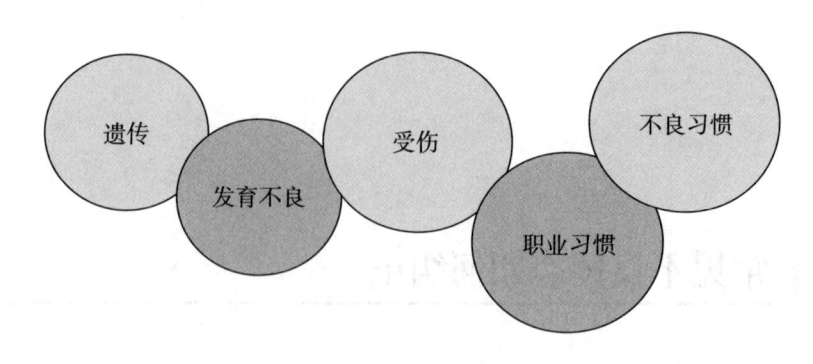

造成不良体态的常见原因

先天遗传因素是导致体态不良的一个重要原因，如扁平胸、溜肩。

发育不良可导致佝偻病、鸡胸、X 型腿或 O 型腿等不良体态。

不良姿势与习惯可导致驼背、高低肩等不良体态。

受伤也会造成不良体态，如受伤导致身体受伤一侧不能用力，故而身体失去平衡，造成不良姿态。

长期从事某一职业可改变一个人的体姿，如长期伏案写作或者在电脑前工作的人，可能会形成驼背、颈前倾、含胸等不良体态。

颈部不良体态与矫正

优美的颈部能够让你的身材更显修长，好好保养自己的颈部，并及时矫正颈部不良姿态，是拥有好身材的重要步骤。

颈部的不良体态主要有颈侧弯、颈前倾等。

❀ 颈侧弯

颈侧弯是指正常站立时颈部向一侧偏斜、弯曲的状态。

> 先保持颈部挺直，然后用力向侧弯相反的一侧拉伸脖颈，按照自身情况坚持几秒后还原，反复练习。

颈侧弯的矫正方法

♣ 颈前倾

颈前倾是指脖子过度向前伸，致后脑勺与脚后跟不在一条直线上。长期对着电脑屏幕容易造成这种状况。

> 靠墙直立，挺胸抬头，将颈部挺直，后脑勺紧贴墙壁，目视前方，按照自己的情况坚持几秒后还原，再重复练习。

颈前倾的矫正方法

肩部不良体态与矫正

美丽的肩部会让女性看起来精神饱满，气质优雅，因此肩部具有优美的体态很重要。肩部的常见不良体态有高低肩和溜肩等。

♣ 高低肩

高低肩是指两个肩膀不在一个水平线上，该不良体态可以通过双臂侧平举、提肩等方法矫正。

提肩：两脚自然开立，双臂自然下垂，先向上提升较低一侧肩膀10～15次，然后两肩同时向上提升练习10～15次，可练习多组。

双臂侧平举：站在镜前，两脚开立，上身直立，双手持哑铃。吸气，双臂同时举起到一条水平线上。呼气，慢慢还原。多次重复练习。

高低肩的矫正方法

❀ 溜肩

溜肩是指肩膀的斜度较大，与颈部的角度较大。溜肩会让女性显得拖沓、不精神。

开肘俯卧撑：肘、上臂与肩膀在同一水平线，手间距比肩略宽，脚尖支撑地面，做动作时平落平起。

屈臂提肘：两脚开立，两手提哑铃，屈臂提肘至双臂与地面平行，停留2～3秒，日常走路的时候也可以有意识地提升低侧肩膀。

溜肩的矫正方法

胸部不良体态与矫正

女性胸部不良体态主要有扁平胸、鸡胸等。

❦ 扁平胸

扁平胸是指胸部扁平的状况。身体偏瘦、发育不良或者耐力训练过多都会导致扁平胸。

> 俯卧撑：俯卧，脚尖蹬地，双手撑地，手间距略比肩宽。吸气，抬头挺胸，屈肘，身体向下至上臂与地面平行。反复多次练习。

> 仰卧侧举：仰卧，双臂伸直，双手紧握哑铃，手心向上。双臂用力举起，收腹、挺胸、抬头，举起后停止4~5秒后慢慢还原。反复多次练习。

扁平胸的矫正方法

❦ 鸡胸

由于营养不良或各种心脏疾病导致胸部轮廓发生改变，会导致鸡胸症状的发生。

双手夹提哑铃：两脚开立，双手在胸前将哑铃握住。垂直向上提举哑铃，提举至与锁骨同高，控制4~8秒后缓慢还原。反复多次练习。

平卧扩胸：仰卧于长凳，手持哑铃，将哑铃举在胸部正上方。吸气，双臂慢慢向下及两侧慢慢放下，双手略比肩低。当双手下放到胸肌有拉伸感后保持2~3秒。呼气，缓慢还原。反复多次练习。

双手推膝：坐姿，腰部挺直，双腿并拢，双脚平放于地上，两臂在体前交叉，双手分别按压在对侧膝部。吸气，双手用力向外推膝，大腿用力内收，膝部不动，坚持5秒。呼气，缓慢还原。反复多次练习。

鸡胸的矫正方法

背部不良体态与矫正

背部不良体态常见的有脊柱侧弯和驼背，非常影响身材和气质。试想一下，如果一位容貌美丽的女性是驼背或者背部扭曲，那将多么令人惋惜。

脊柱侧弯

脊柱侧弯就是背部向左右弯曲，表现为从正面看双肩不等高或从后面看后背左右不平等。

脊柱侧弯由多种原因造成，包括遗传、生病受伤、生活习惯等，可通过运动矫正的方式减轻或矫正脊柱侧弯。具体方法如下：

双手推膝：坐姿，腰部挺直，并腿，双脚平放于地上，两臂在体前交叉，双手分别按压对侧膝。吸气，双手用力向外推膝，大腿用力内收，膝部不动，坚持5秒。呼气，缓慢还原。反复多次练习。

侧卧侧屈：侧卧，双手十指交叉护住头部，轻托头部，双脚钩住；运动时尽力抬高上体，在最大弯曲时保持2～3秒后慢慢还原。

撑地抬腿：俯卧，手掌与脚尖撑地，用力向上抬脊柱弯曲一侧的腿；另一侧的手臂伸直并向前直举，达到极限时保持3～4秒后慢慢还原。

体转训练：开立，双臂屈肘为90°，双手持哑铃放在胸前；上体向侧面扭转，扭转方向为脊柱弯曲突出的一侧，坚持数秒后还原。

脊柱侧弯的矫正方法

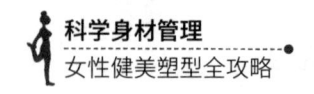

驼背

驼背一般由不良的生活习惯引起，比如经常低头看手机、长时间坐姿且姿势不规范等。其矫正方法如下：

背手展体：开立，双手在体后相握。吸气时双臂用力向下拉伸，同时挺胸，双肩向后靠，达到最大限度后保持4～5秒，肌肉放松还原。以上动作每组做15～30次，训练3组。

颈后推举：开立，双手握哑铃，大臂保持与肩同高，双手稍比肩宽。吸气时，将哑铃用力向颈后方举起，举到两臂完全伸直后保持2～3秒。呼气，还原。以上动作每组做15～20次，每次训练3组。

摆手扩胸：自然站立，双臂向前平举，双手握拳，拳心相对，双臂分别左右扭转摆动。运动过程中需要抬头挺胸和收腹，摆动范围尽可能达到极限摆动距离。以上动作每组做30～40次，每次训练3组。

屈臂支撑：与墙相距一臂的距离，两臂向前平举，全身绷直。上体前倾，手臂弯曲支撑，保持5～10秒，然后用手掌推墙壁，让身体还原站立姿势。以上动作每组做10～15次，每次训练5组。

驼背的矫正方法

腹部不良体态与矫正

腹部常见的不良体态表现为腹部的隆起。

腹部隆起是由于长期缺少锻炼和不健康的饮食习惯，导致腰部脂肪积累过多，腹肌发育不良而引起。其矫正方法如下：

俯卧起上体：俯卧于地上，两腿伸直，双脚并拢着地，双手支撑地板。运动时下体保持不动，用力抬高上体呈后屈状，保持2秒，缓慢还原。以上动作每组做10～15次，每次训练5组。

仰卧起坐：仰卧垫上，双腿自然弯曲并拢，双脚勾住，双手十指交叉护于脑后。运动时下体不动，上体抬起与地面成直角。以上动作每组做10～15次，每次练习5组。

仰卧两头起：仰卧于垫上，两腿伸直并拢，双臂伸直于头部以上，手心朝上。运动时双臂和双腿同时抬高，双臂带动上体呈拉伸状，保持2秒后落下还原。以上动作每组做10～15次，每次练习4组。

腹部隆起的矫正方法

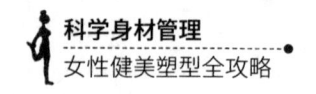

四肢不良体态与矫正

四肢的不良体态多表现为四肢的粗细不匀称、比例不协调和变形，对此要根据不同的状况，使用正确的方式进行矫正。

❦ 四肢粗细不匀称

四肢粗细不匀称是指手臂、双腿太粗或者太细，与全身的比例不协调，从而影响身材的美观。手臂、双腿粗细不匀称多由长期受力、用力不均匀引起。

通过力量练习可有效改善四肢粗细不匀称的情况。

> 两脚分开站立，手握哑铃，伸直手臂将哑铃快速举到胸前再直臂还原，按照自己的状况反复练习。

手臂细的矫正方法

> 可手持哑铃做手腕屈伸运动，也可站立做前臂屈伸运动，即手握哑铃，前臂反复上抬下落。

手臂粗的矫正方法

抬腿跳　　骑自行车　　保持半蹲

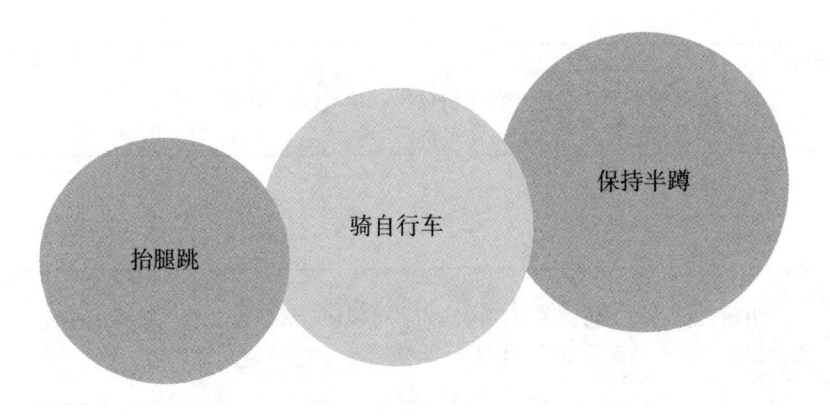

腿太细的矫正方法

每天做屈腿练习。

每天坚持慢跑1～2千米。

腿太粗的矫正方法

❖ O型腿

O型腿就是我们所说的"罗圈腿"，膝关节呈内翻的症状。其矫正方法如下：

直立将双膝夹紧，坚持20秒之后放松，重复这一动作。

半蹲，双手用力将膝关节向内压，尽可能使双膝靠近，然后坚持20秒后放松。根据自己的情况重复此动作。

内外八字交替行走练习。

O 型腿的矫正方法

❦ X 型腿

X 型腿就是膝外翻，表现为走路时双膝靠在一起，脚踝分开，非常不美观。其矫正方法如下：

坐姿下压双膝：坐在垫子上，一腿伸直，另一腿屈膝将脚掌贴在伸直腿的膝关节处，用手下压屈膝一侧膝盖到最大限度，之后放松。

> 盘坐下压双膝：盘腿坐在垫子上，脚掌相对，双手在双膝上轻轻下压到最大限度，坚持4～5秒，之后还原放松。

X型腿的矫正方法

❧ 八字脚

八字脚分为"内八字"和"外八字"，即走路时脚尖向内扣或者脚尖向外撇。

> 踢键子矫正八字脚："内八字"脚用双脚的外侧踢键子，"外八字"脚用双脚的内侧踢键子。

八字脚的矫正方法

第三章

曼妙身姿

有针对性的健美训练

女性对健美体型的追求永远不会停止。

持续保持良好的身体和精神状态，同时改善与纠正不良体姿，有针对性的健美训练必不可少。

科学运动健身，让你轻松塑造健美胸型、改善身体线条。

坚持运动，促进身心健康。美背、细腰、马甲线，你值得拥有。

胸部健美

> **各抒己见**
>
> 每个女性都渴望拥有理想的健美体型,你对自己的体型体态最满意的地方是哪里?有哪个或者哪些地方期待进一步得到改善?
>
> 科学参与运动,运动健身健美是最科学、最健康的方法。针对身体不同部位,你都可以通过有效的健美塑身动作来有效改善。

基础胸部健美动作

♣ 平举扩胸

自然站立或弓步站立,双手握拳,胸前平举。

由肘带动手臂向背部方向扩胸,挺胸、直背、开肩。

❀ 抱头扩胸

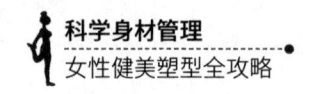

自然站立，双臂同时举过头顶，双手交叉抱头，肘关节带动手臂前后移动，牵拉胸下肌肉，减少副乳。

❀ 胸部矫正

膝盖跪地支撑，臀部上抬，上身贴地，双臂向前伸展。该动作有助于矫正胸和肩膀的不良姿态。

巧用器械塑造健美胸部

❀ 哑铃飞鸟

两脚开立，双手握哑铃，保持手臂肌肉紧张，直臂平举，反复多次练习。

当然，如果没有哑铃，你也可以充分利用身边的一些有重量的物体代替，如一本书、一瓶矿泉水（下同）。

第三章
曼妙身姿：有针对性的健美训练

哑铃飞鸟

❁ 斜推哑铃

弓步站立，双手握哑铃，手臂由屈到直向斜下推哑铃，此动作有助于减少手臂和副乳处脂肪堆积。

斜推哑铃

❁ 哑铃卧推

仰卧在凳上或垫上，屈肘，小臂与地面垂直，双手握哑铃向上直臂推举，举起后，哑铃在与胸部水平位置，正对躯干两侧。

修长四肢如何养成

手臂健美动作

头后拉肩

两脚开立,挺直后背,双手头后交叉握住对侧手臂的肘关节,将手臂拉向对侧方向,让手臂外侧线条更柔和。

直臂牵拉

自然站立,并脚或两脚开立,挺直后背。

右臂屈肘,托住左臂;左臂伸直,伸向右侧,放在右臂上方;右臂向右用力牵拉左手臂。两臂交替反复练习。

科学身材管理
女性健美塑型全攻略

头后拉肩

直臂牵拉

头上击掌

两脚开立，双手体侧自然摆放。

抬头、挺胸，挺直后背，双手有节奏地上举，在头上方击掌。动作过程中注意始终保持不低头、不含胸。

头上击掌

哑铃屈臂

两脚开立，双手体侧握哑铃。

保持肩部水平，上臂位置基本不动，左右手臂交替屈肘上举哑铃，靠近下巴位置。反复多次练习。

哑铃屈臂

✤ 哑铃交替上举

两脚开立，双手体侧握哑铃。

保持肩部水平，上臂位置基本不动，左右手臂交替直臂上举哑铃、手臂尽量伸直。反复多次练习。

✤ 哑铃平举

弓步站立，双臂体侧自然垂放，双手握哑铃。

保持肩部水平，双臂同时直臂上举哑铃，高至与胸部水平的位置。反复多次练习。

哑铃交替上举

哑铃平举

腿部健美动作

❀ 踢腿

● 仰卧踢腿

仰卧，双手自然置于体侧，双腿自然伸直。

一腿贴地不动，另一腿上踢至与地面垂直，注意绷脚尖，用脚尖带动、大腿发力，使整个腿向上踢。两腿交替练习，保持直膝。

● 侧卧踢腿

侧卧，整个身体呈一条直线，下方的腿保持贴地不动，上方的腿用力向头的方向踢起，保持直膝。两腿交替练习。

● 正踢腿

站姿，双手扶栏杆或桌边（或其他固定物体），后背挺直，抬头挺胸。

一腿支撑，另一腿向正前方、侧方、后方踢起，保持直膝。两腿交替练习。

● 侧／后踢腿

站姿，双手扶栏杆或桌边（或其他固定物体）。

后背挺直，抬头挺胸，右腿支撑，左腿向正左方／后方踢腿，保持直膝。两腿交替练习。

❀ 压腿

一腿屈膝支撑，一腿向前、向侧或向后伸，上体正直，整个躯干上下振压伸展的腿（尽量伸直）。两腿交替练习。

第三章
曼妙身姿：有针对性的健美训练

侧压腿

弓步压腿（结合直臂上举）

❁ 高抬腿

自然站立，两臂体侧自然摆放。

正抬腿时，膝盖正对前方，大腿抬至与地面水平。

侧抬腿时，一腿支撑，另一腿向侧方高抬腿，大腿抬至与地面水平，绷脚尖指向地面。

高抬腿

第三章 曼妙身姿：有针对性的健美训练

❀ 屈膝后抬

并脚站立，两手自然垂于体侧。

一腿支撑，另一腿屈膝向后抬，双手背后抓握向后抬起的脚的脚背，将抬起的小腿拉近贴靠臀部。

屈膝后抬

❀ 劈叉

坐姿，后背挺直。双腿前伸、并脚。

横叉时，两腿水平左右分开，大腿间的夹角越大越好，尽量使两腿左右成一条直线。

竖叉时，两腿前后分开，大腿根尽量贴地，尽量使两腿前后成一条直线。

塑身贴士

尽力而为、量力而行

在进行身体的拉伸训练时，应尽力而为、量力而行。

尽力而为，即在做健美动作练习时，应尽身体的最大努力去牵拉身体肌肉，以感到肌肉酸痛但可坚持为宜。

量力而行，即在运动中切忌急于求成，避免运动强度超过身体可承受范围，以免造成肌肉、韧带拉伤、扭伤或者其他运动损伤。

❀ 仰卧蹬自行车

仰卧，双手自然置于体侧，双腿在空中做骑自行车的圆圈蹬踏运动，坚持3分钟。可练习多组。

塑造美背与细腰

背部健美动作

头后振肘

坐姿或站姿，后背挺直，双手头后交叉，手肘对着身体侧方，固定双手位置，整个上体保持不动，手肘向后振，反复多次，活动双肩和后上背肌肉，消除该处的脂肪堆积。

叉腰振肘

坐姿或站姿，后背挺直，双手叉腰。

保持整个上体不动，手肘向后振，反复多次，活动双肩和整个后背的肌肉，改善"虎背"，塑造美背。

头后振肘

叉腰振肘

❀ 哑铃后推

坐姿或站姿，后背挺直，双手持握哑铃，高与胸平。上体不动，小臂向后平推，注意手肘不要向两侧翘起。

哑铃后推

腰部健美动作

拱背成桥

跪姿，双腿并膝，双膝、双手支撑。仰头、挺胸，双臂伸直。

尽力向下塌腰，感觉肩背肌肉在伸展，然后再尽力向上拱起腰和后背成桥，脊柱向上，保持背部肌肉紧张，持续数秒后还原。

塌腰、拱背成桥反复多次交替练习。

俯卧卷腰

俯卧，两腿并膝或两脚分开，手臂向前伸直。保持大腿贴地、双臂伸直，双手撑地依次挪向脚的方向使上体抬起，尽量抬到最大限度。

科学身材管理
女性健美塑型全攻略

拱背成桥

第三章
曼妙身姿：有针对性的健美训练

俯卧卷腰

❋ 侧方屈腰

站立向侧屈腰时，双脚自然开立，左手叉腰，右手向头上直臂举起，整个上体向左侧屈，拉伸右侧腰部肌肉。反方向进行。左右反复练习。

坐姿向侧屈腰时，右腿向右侧伸展，左腿屈膝，右手扶右腿，左手头上直臂举起，整个上体向左侧屈，拉伸右侧腰部肌肉。反方向进行。左右反复练习。

❋ 向前屈腰

并脚站立，保持直膝，向前俯身，双手尽量触地，胸部贴近双腿。

坐姿侧屈腰

向前屈腰

❦ 健身球展腰

站姿屈腰时，一腿支撑，一腿屈膝，脚掌贴支撑腿的膝部内侧。支撑腿侧的手叉腰，另一手直臂上举，向支撑腿侧屈腰伸展腰部。注意健身球紧贴支撑腿的小腿和屈膝腿的小腿但不承重。

蹲姿屈腰时，双腿跨坐在健身球上，健身球紧贴臀部但不承重，双腿和腰腹用力支撑身体，保持身体平衡，双手头上合十，以伸展腰和髋部肌肉，美化腰线。

健身球展腰

❀ 球上仰卧成桥

仰卧在健身球上,双脚与双手支撑,腰腹肌肉紧张用力并保持身体平衡,尽量让健身球不承重,减少腰腹与髋部脂肪堆积。

第三章
曼妙身姿：有针对性的健美训练

球上仰卧成桥

这样做，你也能拥有马甲线

平板支撑

俯卧，双臂屈肘与双脚支撑，整个身体成一条直线，切忌撅臀，腰腹肌肉保持紧张、用力，消除多余脂肪堆积。

平板支撑

侧板支撑

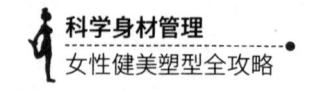

侧卧，双脚并脚或稍分开支撑，左手臂直臂支撑，右手向头上延伸、尽量与左手臂成一条直线。

整个躯干成一条直线，切忌胯部塌陷，腰腹肌肉保持紧张、用力，消除多余脂肪堆积。

侧板支撑

仰卧起坐

仰卧，直腿或屈腿，双手抱头，腰腹发力，带动上体直起。一组做20个，可做多组。

直腿做仰卧起坐时，双腿贴地、并膝，腿不离地。

屈腿做仰卧起坐时，并膝，膝盖不分离。

仰卧触膝

仰卧，屈膝，双脚分开，与肩同宽，双手分别扶在各侧大腿上，腰腹发力带动手臂触摸膝盖。

仰卧触膝

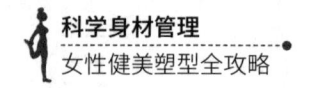

俯卧撑

俯卧，双脚并脚、双手直臂支撑，身体成一条直线，腰腹保持紧张，手臂屈肘降低身体，再直臂抬高身体。反复进行。

俯卧撑

提臀练习

弓步深蹲

弓步站立，一腿屈膝，另一腿向后伸展，双手叉腰或头后交叉，挺直背部，下蹲时后腿膝盖尽量不触地，触地但不支撑身体。

注意保持膝盖与脚尖方向一致、膝盖不超过脚尖。

马步深蹲

自然开立，脚间距与肩同宽，膝盖与脚尖正对前方，双手可自然摆放，大腿和腰髋用力，塌腰下蹲。反复多次练习。

跪姿后踢腿

跪姿，自然开立，右腿屈膝与双手直臂支撑，左腿向后伸展，向上用力

科学身材管理
女性健美塑型全攻略

踢起。每一次向后上踢腿时，抬头、塌腰。两腿交替练习。

弓步深蹲

马步深蹲

第三章
曼妙身姿：有针对性的健美训练

跪姿后踢腿

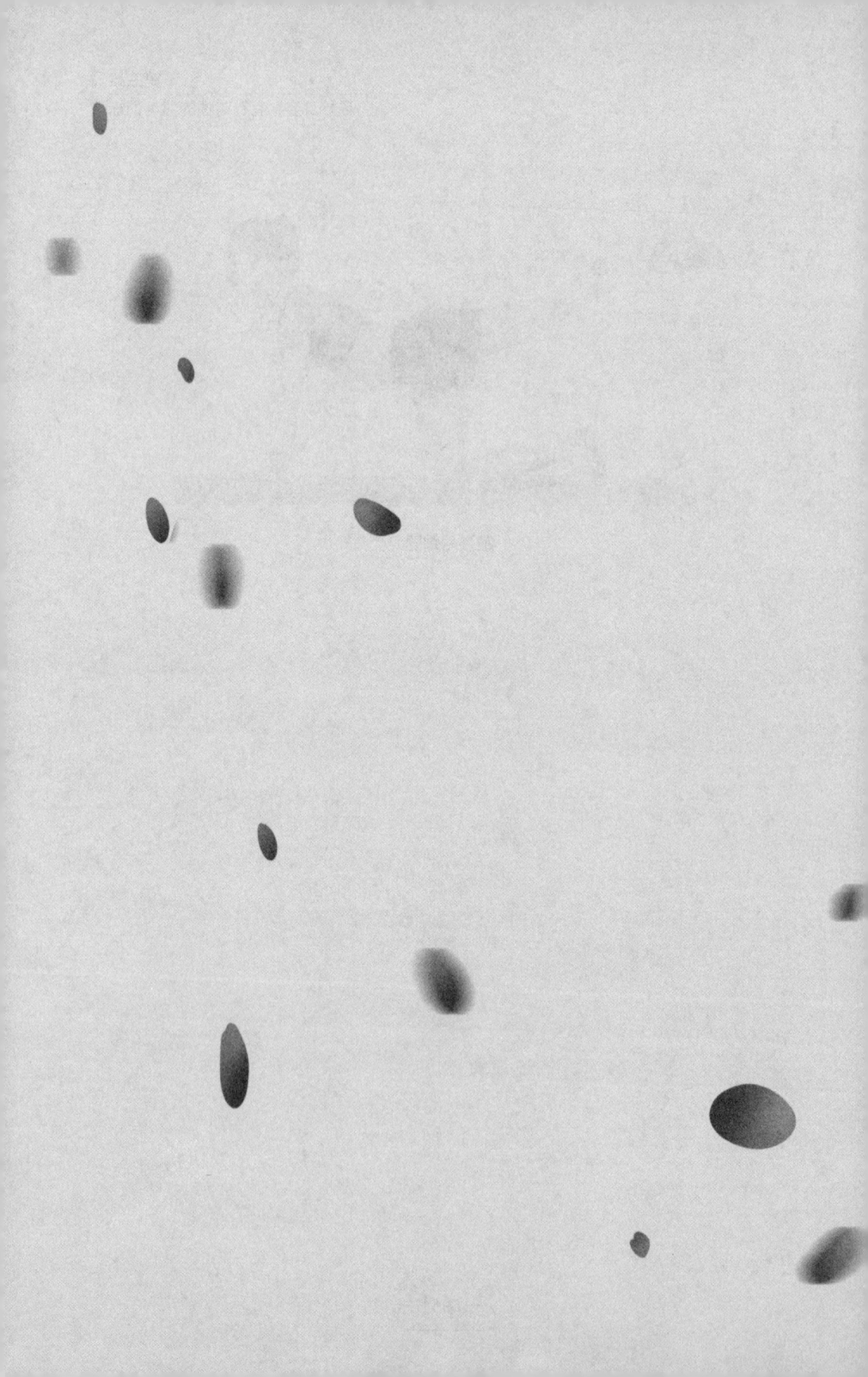

第四章

轻盈体态

有氧运动的优雅塑型

当下，瑜伽、普拉提备受女性青睐，其动作灵活可控，女性可结合自身情况选择其中的动作并决定动作完成的程度，健身修心，感受身体。参与瑜伽与普拉提，与身体对话并有效塑型。

快来感受瑜伽与普拉提的塑型效果与运动魅力吧。

瑜伽

各抒己见

你有过收到瑜伽健身宣传单的经历吗？瑜伽在女性人群中是非常受欢迎的健美塑身项目之一，很多女性都有过尝试学练瑜伽和参与瑜伽学练的想法或经历。完成优雅、有难度的瑜伽动作，总是很有成就感，也令很多人羡慕不已。

很多对瑜伽不了解的女性会觉得瑜伽很难，其实不然，瑜伽动作缓慢、要求尊重和控制身体、难度可控，零基础也能学练。想不想赶快来尝试一下呢？

认识瑜伽

"瑜伽"一词源自梵文"Yoga"译音，意思是"连接、联合"。

瑜伽是一种古老的强身术。古老的瑜伽来自印度，是一种能量修炼方法，通过瑜伽坐姿、体位、呼吸、冥想等，强化肌肉和骨骼，增强身体系统功能，并激发人体内在能量，进而实现身心健康。

瑜伽也是一门哲学，它强调生理上的练习与心灵上的练习，最终目的是实现身体健康，净化心灵。《奥义书》明确瑜伽理论为"梵我合一"。

现在，瑜伽已经成为全世界范围内流行的健身塑身运动，尤其备受青年男女的喜爱，更成为很多女性塑型的优选运动项目。

古老的瑜伽有很多流派，如哈他瑜伽（Hatha Yoga）、业瑜伽（Karma Yoga）、王瑜伽（Raja Yoga）、信瑜伽（Bhakti Yoga）、智瑜伽（Jnana Yoga）、密宗瑜伽（Tantric Yoga）等。目前，哈他瑜伽最为流行。

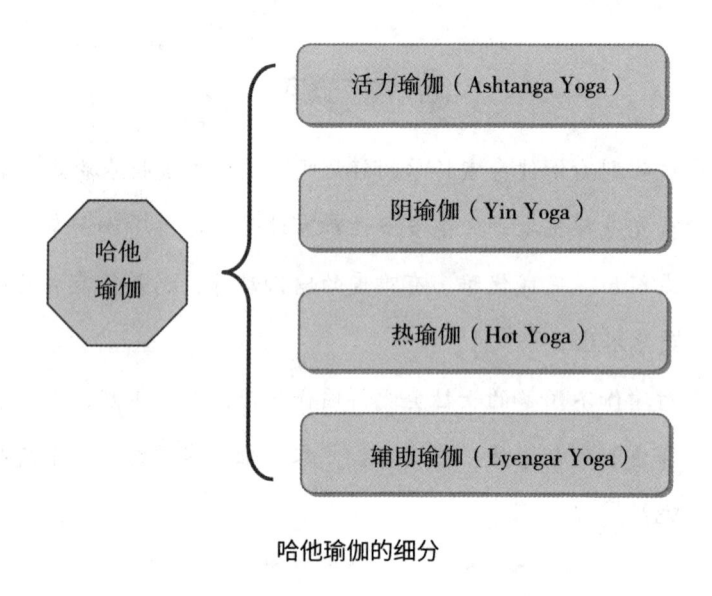

哈他瑜伽
- 活力瑜伽（Ashtanga Yoga）
- 阴瑜伽（Yin Yoga）
- 热瑜伽（Hot Yoga）
- 辅助瑜伽（Lyengar Yoga）

哈他瑜伽的细分

需要特别提醒你的是，现阶段，市场上流行的"美体瑜伽""养生瑜伽""能量循环瑜伽"等并非瑜伽流派，而是结合瑜伽效果进行的瑜伽商业化命名。

发展到现在，瑜伽运动内容更加丰富多彩，而且适用人群非常广泛。

第四章
轻盈体态：有氧运动的优雅塑型

在户外练习瑜伽，感悟身体，亲近自然

挑战空中瑜伽，学习空中技巧

亲子瑜伽，享受健康、欢乐亲子时光

孕妇（在专业教练指导下）练习瑜伽

瑜伽坐姿塑型学练

丰富的瑜伽坐姿能让你在较长一段时间内保持身体稳定,让血氧更多地集中于内脏,改善内脏生理功能。坐姿还有助于强化腰椎和骶骨部位的神经,降低血压。学练瑜伽坐姿更是促进冥想、缓解肌肉紧张、放松心情的好方法。

简易坐

坐姿:坐在地上,双腿弯曲,两脚分别置于对侧大腿下。

手位:双手放在两膝上。

体位:头、颈、躯干正直。

作用:加强两髋、两膝、两踝力量,缓解关节炎,安神助眠。

简易坐

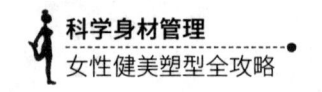

❦ 雷电坐

坐姿：跪坐，两脚跟分开，两大脚趾交叉，臀部坐在两脚内侧上。

手位：双手放在两膝上。

体位：头、颈、躯干正直。

作用：加强两髋、两膝、两踝力量，伸背直脊。

❦ 莲花坐

坐姿：双腿弯曲，双脚分别在对侧大腿根部上，足底朝天，两膝尽量贴地。

手位：双手放在两膝上。

体位：头、颈、躯干正直。

作用：改善消化功能，伸张盆骨肌肉。

❦ 半莲花坐

坐姿：右腿弯曲，右脚底靠紧左大腿内侧；左腿弯曲，左脚放在右大腿根部上。

手位：双手放在两膝上。

体位：头、颈、躯干正直。

作用：同莲花坐，改善消化功能，伸张盆骨肌肉，作用稍逊。

❦ 至善坐

坐姿：双腿弯曲，脚跟顶住会阴部，两脚跟上下对齐，左脚趾插入右腿的大腿与小腿之间。

手位：双手自然摆放。

体位：头、颈、躯干正直。

作用：使经络畅通，精神镇静安详。

至善坐

❋ 跪坐式

坐姿：两膝跪地，脚背贴地、臀部放在脚跟上。

手位：双手放在两膝上。

体位：头、颈、躯干正直。

作用：按摩腹部，伸背直脊。

跪坐练习瑜伽

🍀 长坐式

坐姿：两腿伸直并拢。

手位：双手体侧撑地。

体位：上体与地面垂直。

作用：拉伸腿部，伸背直脊。

🍀 吉祥坐

坐姿：并腿坐，弯曲左小腿，左脚板顶住右大腿；弯曲右小腿，右脚放在左大腿和左小腿腿肚之间。

手位：双手自然摆放。

体位：头、颈、躯干正直。

作用：同至善坐，作用稍逊。

吉祥坐

蝴蝶坐

坐姿：左右腿弯曲，脚跟靠近大腿根部，两脚底靠拢；两膝尽量靠近地面。

手位：双手自然摆放。

体位：头、颈、躯干正直。

作用：加强两髋、两膝、两踝力量，按摩腹部、伸展背部。

蝴蝶坐

❦ 武士坐

坐姿：双腿并拢，屈膝，右脚从左腿下穿出，脚跟放在左臀外侧。

手位：双手交叠扶膝或自由摆放。

体位：挺直腰背。

作用：伸背直脊。

第四章 轻盈体态：有氧运动的优雅塑型

❀ 横叉/竖叉坐姿

坐姿：坐在地上，两腿尽量横向张开或纵向伸展。

手位：双手体前或体侧撑地。

体位：头、颈、躯干正直。

作用：伸展腿部肌肉。

武士坐

竖叉坐

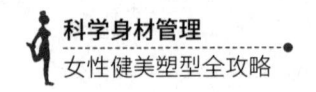

瑜伽体位塑型学练

瑜伽体位练习能有效改善身体各部位的肌肉，一些特殊体位还有缓解胃部不适、改善内分泌、增强消化、促进血液循环等功能，对身心有益。

更重要的是，不同的体位能有效减少身体局部或全身的皮下脂肪堆积，帮你塑造健美好身材。

树式

站姿，双脚并拢，挺身直立，胸前合掌。

吸气，重心移到左脚，左腿支撑，右腿弯曲，右脚跟抵左腿大腿根，双手向上，直臂伸展，双手合十。

呼气，缓慢还原。

作用：加强腿部、背部、胸部的肌肉力量，改善平衡。

树式

第四章
轻盈体态：有氧运动的优雅塑型

塑身贴士

尊重身体，不勉强

学练瑜伽体位时，尤其是初学者，有很多动作做不到位，不要着急，这是初学者常会遇到的情况，只要多加练习就能"熟能生巧"。

需要特别提醒你的是，瑜伽运动中做一些对身体柔韧性有一定要求的动作时，如果你感到肌肉、韧带被牵拉得很痛，就不要勉强自己，要尊重自己的身体，做到尽力而为即可，以免引发损伤。

❀ 眼镜蛇式

俯卧，双脚并拢，额头触地，双手自然置于身侧。

吸气，抬颚，仰头，上身一点点离地至极限。

继续吸气，双手向后伸直，向后屈背，臀部收紧，大腿放松。

呼气，缓慢还原。

作用：保持脊柱弹性，促进血液循环，改善消化功能，改善内分泌失调症状。

蛇扭动式

与眼镜蛇式类似，不同的是，双手体前支撑、双脚分开与肩同宽。

做扭动动作时，右转头，目视左脚跟；左转头，目视右脚跟，左右反复数次后缓慢还原至平卧姿势。

作用：基本同眼镜蛇式。

蛇扭动式

弓式

俯卧，呼气，屈膝，双腿折叠，双手体后抓脚。

吸气，抬头，上拉腿部，保持动作数秒。

呼气，有控制地还原。

第四章
轻盈体态：有氧运动的优雅塑型

作用：增强背部肌肉，加强肠道蠕动，健胸，提臀，减少腰腹脂肪堆积。

弓式

站立弓式

❋ 简易扭转式

坐姿，双腿伸直，挺直腰背。

屈右膝，右脚跨过左腿贴左膝，上体向右扭转；右手向右后方伸展支撑，左手屈肘轻放左膝上。选择自己喜欢的手势即可。

整个过程始终保持腰部挺直，保持动作数秒后有控制地缓慢还原。

作用：开肩，直背，塑造柔和腰部线条。

简易扭转式

交叉爬行式

跪姿，双膝、双手撑地。

吸气，左臂向前伸展，右腿向后推送伸直，左臂与右腿在两条平行线上并与地面平行。

呼气，回到开始姿势，换另一侧练习。

作用：紧实手臂和腿部肌肉与线条，提臀，增强身体平衡能力。

交叉爬行式

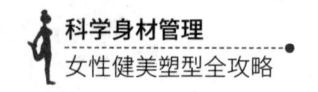

❀ 双腿背部伸展式

坐姿，挺直上身，双腿伸直，双手体侧自然摆放。

吸气，直臂举起，高过头顶，伸展身体数秒。

呼气，双手落下，上体前俯，双手扶握双脚。

吸气，头尽量靠近大腿，保持动作数秒后缓慢还原。

作用：拉伸背部和腿部肌肉，按摩腰腹。

双腿背部伸展式

❋ 拨云式

选择自己喜欢的坐姿，上身挺直。

吸气，双肩外展，两手头后掌背相触，向上伸展。

左手向前、向右推送，掌心相对；打开双手，掌背相对，缓慢还原。

再次耳后合掌，右手在前，左手在后，双掌反向合十，停留数秒后缓慢还原。

作用：增强两髋、两膝力量，伸展腰部与背部肌肉。

拨云式准备姿势

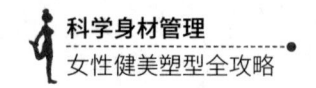

🌸 船式

仰卧，并腿，双臂自然放在体侧。

吸气，上身与双脚两头起，整个身体像一条小船，手臂平伸。

呼气，缓慢还原。

作用：美化腹部、背部和腿部线条，防止腹部脂肪堆积。

🌸 海狗式

跪在垫子上，右腿向前大跨步，小腿与地面垂直。右脚和左膝支撑。

左小腿上抬，双手直臂后伸抓握左脚尖，双肩打开。

均匀呼吸，保持动作数秒后缓慢还原。

作用：伸展与美化背部和肩部肌肉线条，提臀，改善身体平衡。

海狗式

❦ 顶峰式

跪姿，双脚跟置于臀下，上身挺直。

均匀呼吸，双手撑地，双脚固定，身体重心随双手慢慢向前移动，臀部抬高，直膝，挺直背部。

整个身体呈一个三角形，臀部位于三角形的顶角位置，臀部上顶，保持动作数秒后缓慢还原。

有经验的瑜伽学练者可以在顶峰式的基础上，保持身体紧张，向后上伸展一条腿，增加练习难度，注意保持身体平衡。

作用：促进血液循环，提臀，美化腿部线条，改善身体平衡。

顶峰式后抬腿

❀ 侧板式

侧卧，身体呈一条直线。

左手屈肘支撑，小臂紧贴地面，双脚、手肘支撑，右臂直臂上举，与地面垂直。

收腹，保持腰腹、腿部肌肉紧张，整个身体始终保持一条直线。

初学者可以两脚分开增加支撑点保持身体平衡。

作用：美化腰部曲线，减少腰腹脂肪堆积，提升核心肌肉力量。

侧板式

❀ 猫式

跪坐姿势，双掌置于膝上。

吸气，上身前俯，双手直臂撑地，两手间的间距与肩同宽，塌腰，头、腰、臀成"凹"字。

呼气，收腹、拱背成桥、垂头。

吸气，还原至开始姿势。

作用：使脊柱更加富有弹性，放松肩颈，消除腰腹脂肪堆积，缓解月经不适。

猫式

✿ 犁式

仰卧，直腿、绷脚尖，吸气，抬腿与身体垂直。

呼气，双腿向头部方向伸展、向下放，脚尖尽量向前触地。

均匀呼吸，双臂滑向头顶，触脚，保持动作数秒后，分腿再保持数秒，缓慢还原。

作用：刺激血液循环，伸展背部和整个身体，消除髋部、腿部的脂肪堆积，改善便秘。

犁式

✿ 轮式

仰卧，双腿伸直，两手自然放于体侧。

双脚底贴地不动，屈膝，双手放在头部两边，掌心贴地，指尖向着脚的方向。

深深吸气，拱背，髋部与腹部上顶成桥，平稳呼吸，保持动作数秒后缓慢还原。

作用：增强血液循环，伸展背部肌肉群，放松肩颈，紧实腹部，使两腕、两踝健壮有力。

轮式

❀ 肩倒立式

平躺，双手自然置于体侧，全身放松。

两臂上臂贴地支撑、保持身体平衡，双腿直膝慢慢上举。

双手可托扶下腰撑起躯干，下巴顶住胸，均匀呼吸，保持动作1～3分钟后，缓慢还原。

在保持身体平衡的基础上，可以尝试一腿屈膝，一腿上举，让动作更富有变化性。

作用：促进血液循环，改善气色，增强脏器活力，消除便秘，有助于体内毒素排出。

科学身材管理
女性健美塑型全攻略

肩倒立式

肩倒立式的变化体位

第四章 轻盈体态：有氧运动的优雅塑型

❋ 单腿鸽王式

简易坐姿，右腿后伸，大腿尽量贴地，挺直后背。

右腿屈膝，小腿上举，双手后伸在头后抓握右脚尖，双肩打开。

均匀呼吸，保持动作数秒后缓慢还原，换另一腿练习。

作用：开肩，提臀，美化腿部线条，减少腹部脂肪堆积。

单腿鸽王式

❋ 垂直指针式

坐姿，双腿向前伸直，双手体前扶地，上体挺直，头向上顶。

均匀呼吸，两腿逐渐分开，两腿间的夹角尽量大。也可以将这个动作简单理解成一个横叉，但是动作要缓慢，循序渐进地进行。

双腿分开尽量大后，保持腿部肌肉拉伸，保持上体正直，尽量绷脚尖，双脚尖尽量向外、向远处延伸。

保持动作尽量长的时间后缓慢还原。

作用：美背，紧实腹部，美化腿部线条。

垂直指针式

❀ 战士第一式

站姿，双脚并拢，两臂自然置于体侧；双掌合十，直臂高举过头。

吸气，两腿分开，转体 90°。

呼气，一腿屈膝，大腿与地面平行，小腿与地面垂直，挺直后背。

头向上顶，双手头上直臂合十，伸展脊柱，保持动作数秒后慢慢还原。

后腿可以伸直或屈膝，小腿贴地支撑（初学者可以采用这个姿势）。

作用：放松颈、背，增进呼吸，有益肺部健康，减少髋部脂肪，增强平衡感、注意力。

战士第一式

战士第二式

以基本三角站立姿势开始。

深深吸气，两脚大大分开，两臂侧平举。

左脚向左转 90°；右脚稍向左转，不要超过 30°。

屈左膝，大腿与地面平行，小腿垂直于地板和大腿，两手向两旁尽量伸展出去。

保持动作数秒后缓慢还原。

作用：基本同战士第一式，作用更强。

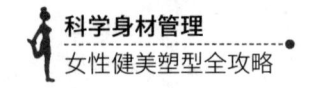

❦ 婴儿式

跪坐，双手体侧自然摆放。

呼气，额头轻放在地上，屈肘，双手自然放在小腿两侧或向前伸直，手臂放松。

缓慢呼吸，全身放松。

作用：放松身心，有助于练习者感受身体变化、调整呼吸，适合瑜伽学练后的放松，也适用于瑜伽冥想时采用。

普拉提

很多女性认为瑜伽动作太难，在健身房里学练瑜伽，集体性的瑜伽课上总是跟不上教练的节奏和进度，而一对一瑜伽教学又需要不菲的费用。如此纠结许久之后最终放弃健美塑型，颇为可惜。

如果你觉得瑜伽对个人身体素质要求太高，入门太难，不妨尝试一下普拉提学练。

普拉提由著名的德国健美康复实践者约瑟·亨伯特斯·普拉提创立，它因创始者而命名，是一种非常有效的健美塑身、运动康复方式。

普拉提汲取了瑜伽、太极与西方传统养生术的精髓，将身体姿势、动作练习与呼吸、冥想、柔韧、平衡等有机结合。科学学练，能有效增强核心肌肉力量、提高身体柔软性、改善不良体态、塑造匀称优美形体。

普拉提健美塑型效果好，学练动作简单，赶快来感受和体验一下普拉提的常见塑型动作吧。

普拉提基础动作塑型学练

♣ 仰卧踏步

仰卧，屈膝，背、臀靠紧地面。

吸气，一腿平放地上，一腿抬起，向胸部方向提膝。

呼气，提膝腿缓慢放下。两腿反复做踏步动作。

如果你的身体素质良好，可以两腿同时悬空，做空中踏步动作。

作用：紧实腹肌及大腿肌群。

仰卧空中踏步

♣ 跪式游泳

四肢支撑，手臂和双腿垂直于地面，腰背挺直。

吸气，左腿向后抬高与地面平行，右手平举向前延伸。

呼气，收腹，收回左腿和右手，换另一边做。

作用：提臀，紧实小腹与手臂肌肉，改善身体平衡。

❀ 卷腹抬起

仰卧，屈膝，腰背靠紧地面，双手头后抱头。

吸气，躯干不动，收缩腹部，头部和肩部卷离垫子，保持数秒。

呼气，收腹，脊椎缓慢舒展卷回，还原。

作用：消除腰腹部脂肪堆积，美肩，美背。

卷腹抬起

❀ 屈腿拍击

仰卧，屈膝，抬起双腿。

呼气时，头肩抬起；吸气，双手直臂在腿前拍击手5次，保持躯干稳定。

作用：加强腹部肌肉，提高躯干核心力量，塑造大腿优美曲线。

骨盆上抬

仰卧，双手自然置于体侧，屈膝，脚掌贴地。

吸气，单向上提躯干；呼气，降低躯干和髋部。

作用：锻炼臀大肌、大腿肌肉，消除腰腹多余脂肪堆积。

骨盆上抬

单腿画圆

仰卧，双手自然置于体侧。

一腿伸直、尽量贴地，一腿尽量垂直上举，上举的腿在空中画圈。

作用：紧致小腹，美化腿部线条。

侧踢腿

侧卧，屈肘支撑。

吸气，提起上面的腿，尽量向上、向头的方向踢起，踢到最大限度保持动作尽量长的时间。

呼气，有控制地缓慢还原。

作用：减少腿部脂肪，美化腿部线条。

第四章
轻盈体态：有氧运动的优雅塑型

侧踢腿

✿ 两头起蹬踏

仰卧，屈膝抬腿，卷起头、肩部和上背部。

吸气，保持上体动作不变，双腿蹬踏一次。

呼气，依次、缓慢、有控制地还原。

作用：紧致小腹，美化腿部线条。

两头起蹬踏

普拉提组合动作塑型学练

❋ 天鹅戏水

俯卧,双臂头侧向头顶伸展,臀部收紧,脊柱伸展。

呼气,双臂、双腿正面及胸腔抬离地面。

吸气,提升右臂和左腿,快速换异侧完成此动作,像拍水一样。

作用:强化心肺功能,改善四肢协调能力,提高躯干稳定性。

❋ 人鱼拍水

俯卧,双手交叠,额头轻触手背,沉肩,臀、腿肌肉收缩。

保证骨盆稳定,双腿抬离地面,直膝快速上下做拍水动作,吸气拍5次,呼气拍5次。

作用:改善臀部扁平下坠,美化大腿肌肉线条。

❈ 云端超人

俯卧,直背、抬胸,脸与地面水平,双手贴于体侧,双腿贴地。

吸气,耸肩贴近耳垂;呼气,双腿贴地不动,肩膀向后、向下绕环至远离耳垂,手臂、双腿向后伸展。

呼气,缓慢还原。

作用:伸展脊柱,美化肩部和手臂肌肉线条。

第五章

活力燃脂

动感操舞秀出好身材

"生命在于运动",运动让人充满朝气。

动感操舞运动属于有氧运动,能唤醒生命活力,为健康的人生增添更多灵动的色彩。

健美操有简有繁,活力四射。

体育舞蹈风姿绰约,魅力无穷。

健美操与体育舞蹈内容丰富、风格多样、充满律动感,能给予喜欢欢快节奏运动的女性许多惊喜,是女性健身健美、塑造良好形体的优选项目。

健美操

> **各抒己见**
>
> 　　健美操是一项充满青春气息的有氧运动，它是公认的、非常有效的健美塑型运动。
>
> 　　你有过学练健美操的经历吗？中小学的早操、课间操，或者大学时期的健美操选修课，于你而言是一段美好的回忆吧？

内容丰富的健美操运动

　　健美操，内容丰富，运动量可控，入门简单，男女老少皆可参与。女性参与健美操运动有助于女性局部和全身肌肉的锻炼和形体塑造。

　　发展到现在，健美操内容已十分丰富，女性可结合自己的需要和爱好来选择不同的健美操项目进行塑身锻炼。

科学身材管理
女性健美塑型全攻略

徒手健美操

哑铃操

第五章
活力燃脂：动感操舞秀出好身材

有氧搏击操

圈操

科学身材管理
女性健美塑型全攻略

有氧踏板操

水中有氧健美操

富有律动感的健美操动作学练

健美操动作规范性强，节奏感强，富有激情与表现力。

掌握健美操基本动作是完成成套健美操的重要基础，同时这些单个健美操动作的多次、多组练习开展方便，塑身更有针对性。

头颈动作

健美操头颈动作有助于放松、拉伸颈部肌肉，塑造修长天鹅颈。

自然站立，并脚或开立，头向前方（低头）、侧方、后方（仰头）屈。

头侧屈

❦ 上肢动作

健美操上肢动作学练对增强手臂力量、紧实手臂肌肉、塑造优美流畅的手臂线条具有非常好的帮助作用，能有效地帮你消除"拜拜肉"。

- 举

自然站立，并脚或开立，手臂以肩关节为中心进行各个方向的举，如前平举、侧平举、侧上举、上直举、斜下举等。

弓步直臂上举

- 屈

自然站立，并脚或开立，肘关节由屈到直或由直到屈，如胸前平屈、肩侧屈、头后屈等。

第五章
活力燃脂：动感操舞秀出好身材

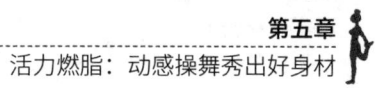

头后屈

手臂侧平举结合胸前上屈

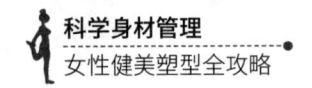

- 绕、绕环

自然站立，并脚或开立，手臂以肩为轴做弧线运动，如向内、外、前、后绕或环绕。

❀ 躯干动作

- 移胸

髋部固定，腰腹随胸部左右移动。

- 含胸、挺胸

含胸时，低头收腹，收肩，背弓；挺胸时，抬头，展肩。

- 屈腰、转腰

自然站立，并脚或开立。

屈腰时，腰部向前或侧拉伸，如前屈、后屈、侧屈。

转腰时，结合迈步，腰部左右灵活转动。

腰侧屈

第五章
活力燃脂：动感操舞秀出好身材

腰前屈

弓步转腰

- 顶髋、提髋

自然站立，并脚或开立。

顶髋时，上体正直，用力将髋向左、右、前、后顶出。

提髋时，在腿部配合下，髋向左上、右上提。

下肢动作

- 直立、开立

站姿，并腿、直膝，抬头挺胸；双腿打开，脚间距与肩同宽。

开立

- 弓步、蹲

直立，大步迈出一腿做屈的动作，如前弓步、侧弓步、后弓步；蹲，降低身体重心。

第五章
活力燃脂：动感操舞秀出好身材

前弓步

下蹲

- 提膝

自然站立,双手可自然摆放。

一腿直膝支撑,另一腿屈膝,大腿与地面水平。

提膝踏步

- 踢、弹

自然站立,双手叉腰准备。

一腿直膝支撑,另一腿向各个方向做踢的动作,如前踢、侧踢、后踢等。

一腿直膝支撑,另一腿向前、侧做正弹腿和侧弹腿动作。

- 跳

自然站立,单脚或双脚离地跳,如并腿跳、开合跳等。

整套健美操学练

健美操学练需求与目的不同，可选择不同形式和强度的健美操，你可以结合自己的需求和喜好选择相应的整套健美操学练。

国家体育总局每年都会推出多套优质的健美操学练视频，你可以参考学练，这里不再赘述。

体育舞蹈

魅力四射的体育舞蹈

体育舞蹈具有较强的运动魅力和艺术魅力,它集健身、健美、表演、观赏等于一身,备受时尚健身健美人士的喜爱。

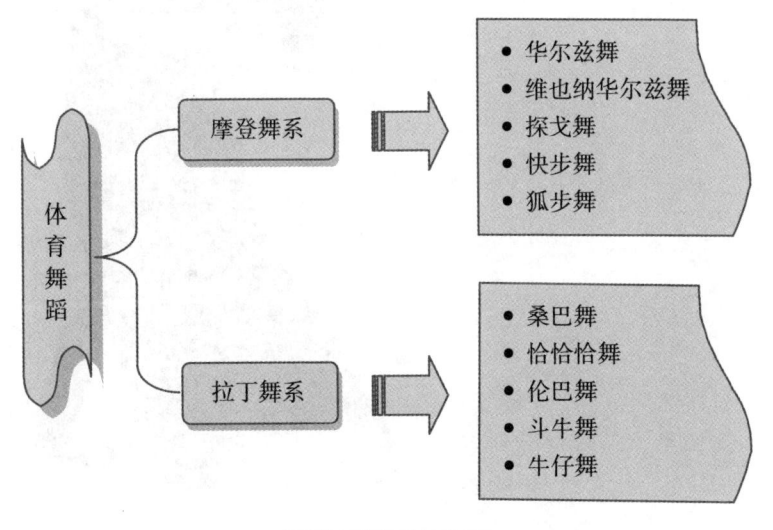

体育舞蹈
- 摩登舞系
  - 华尔兹舞
  - 维也纳华尔兹舞
  - 探戈舞
  - 快步舞
  - 狐步舞
- 拉丁舞系
  - 桑巴舞
  - 恰恰恰舞
  - 伦巴舞
  - 斗牛舞
  - 牛仔舞

舞种丰富的体育舞蹈

值得一提的是，体育舞蹈不仅有助于健美塑型，也是助力社交的运动。学练体育舞蹈，可以让你同时拥有好身材与社交魅力。

第五章
活力燃脂：动感操舞秀出好身材

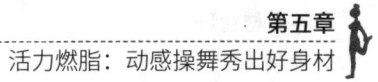

体育舞蹈风采

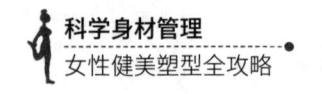

体育舞蹈舞种丰富多彩，这里重点介绍其中具有代表性的华尔兹与恰恰恰舞步动作。快来感受一下它们的塑型效果与运动风格吧。

华尔兹舞步

右转步

右转步共 2 小节 6 步，男女均从低位运行开始。女士舞步转动分别为右转 3/8、右转 1/4、右转 1/8。

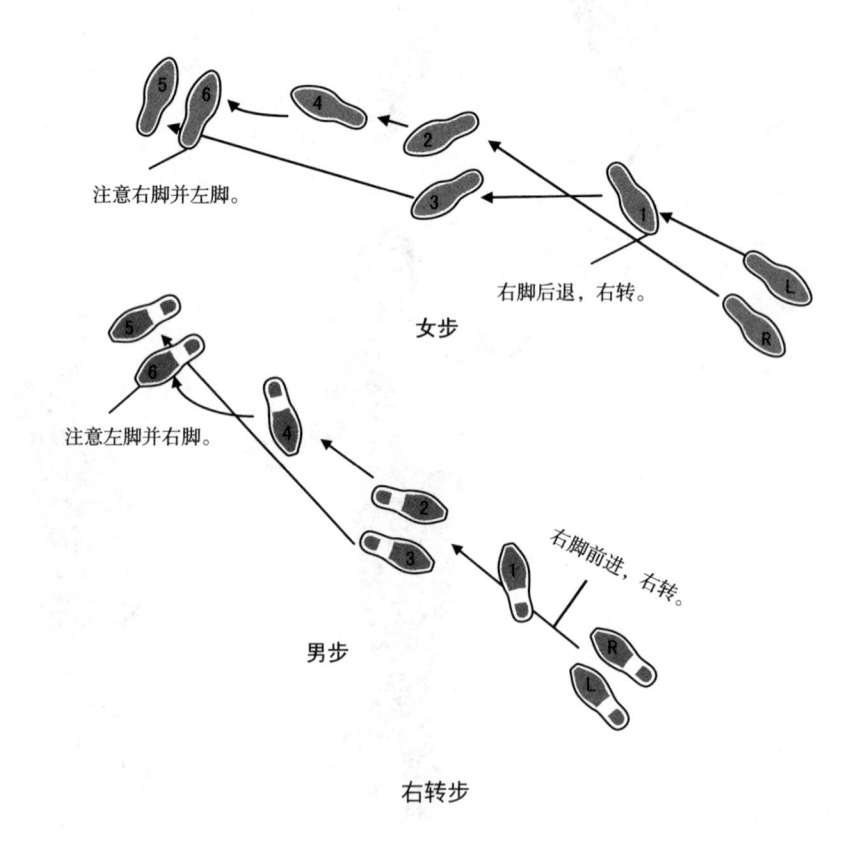

注意右脚并左脚。

右脚后退，右转。

女步

注意左脚并右脚。

右脚前进，右转。

男步

右转步

❖ 左转步

左转步共 2 小节 6 步，男女均从低位运行开始，女性舞步转动为左转 3/8、左转 1/4、左转 1/8。

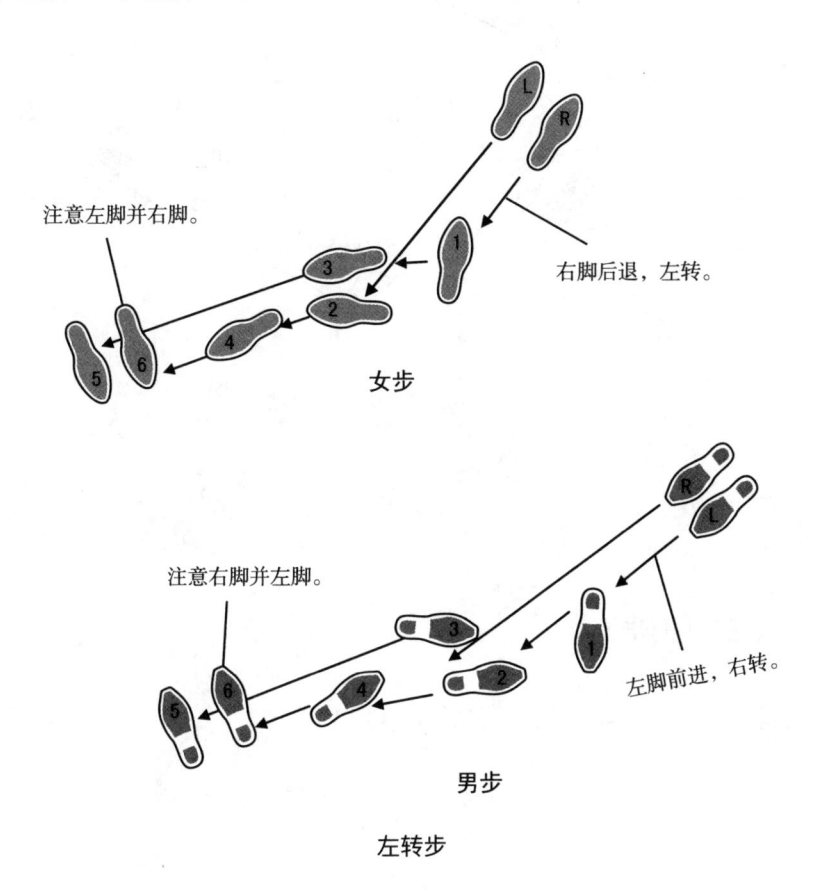

注意左脚并右脚。

右脚后退，左转。

女步

注意右脚并左脚。

左脚前进，右转。

男步

左转步

❖ 叉形步

叉形步共 1 小节 3 步，男生不转体，女生 1/4 向右转体侧行开始。

转。

女步

右脚后退。

叉形步

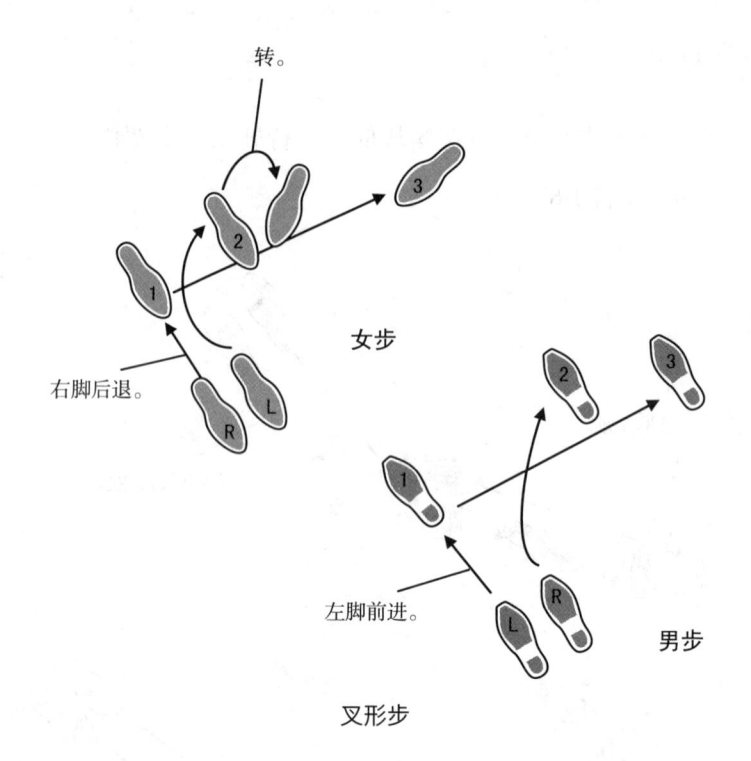

左脚前进。

男步

❀ 右脚并换步

右脚（就男士而言）并换步，共 1 小节 3 步。

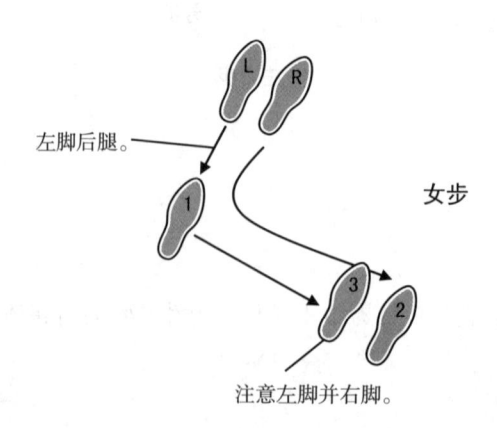

左脚后腿。

女步

注意左脚并右脚。

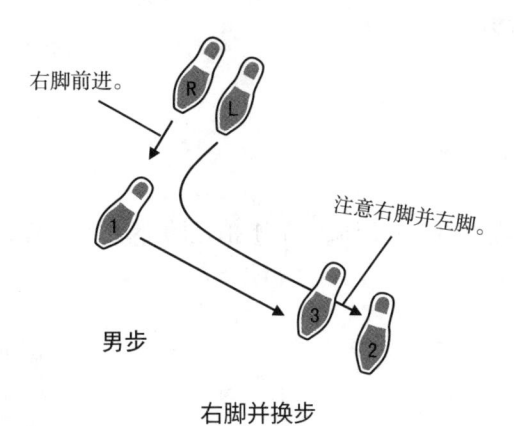

右脚前进。

注意右脚并左脚。

男步

右脚并换步

❦ 侧行追步

侧行追步1小节4步，男生不转体，女生1/4左转。

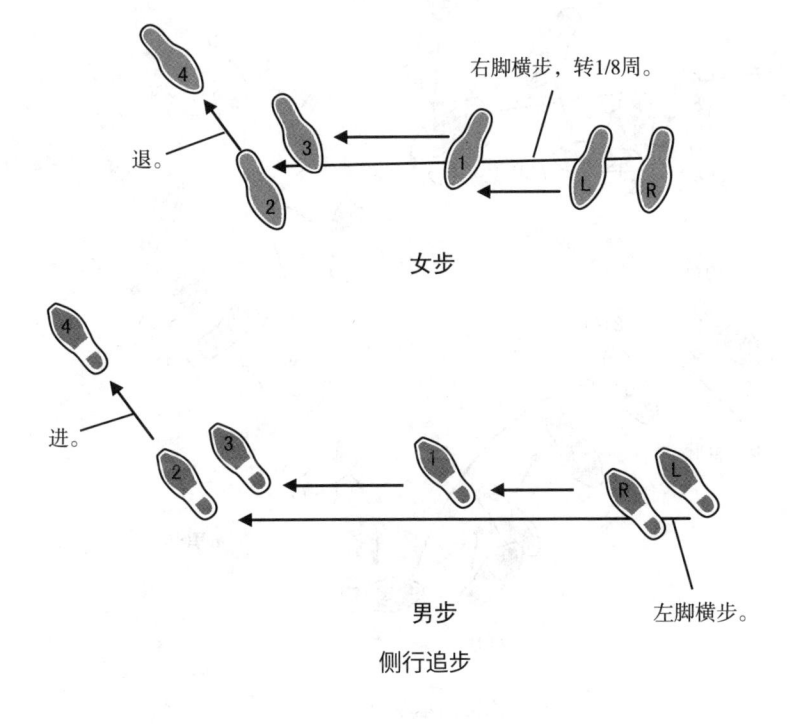

右脚横步，转1/8周。

退。

女步

进。

左脚横步。

男步

侧行追步

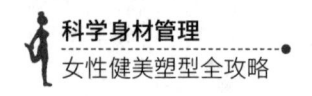

恰恰恰舞步

基本舞步动作

恰恰恰基本动作由5步组成，第1拍是胯部动作，第2拍出步，初学者练习时可先不加胯部动作。

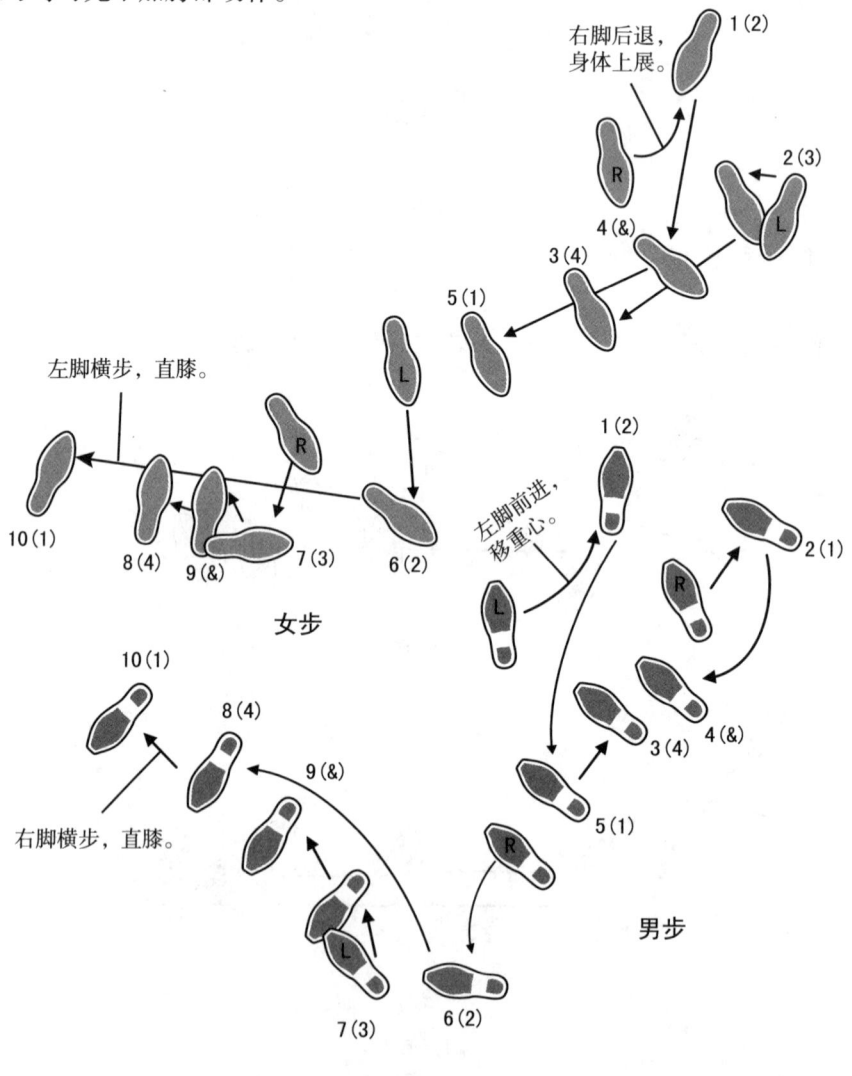

恰恰恰基本舞步

❦ 扇形步

从闭式舞姿开始，男士在基本步前半部分转 1/8 周，引导女士左转，两人同时打开扇形位。

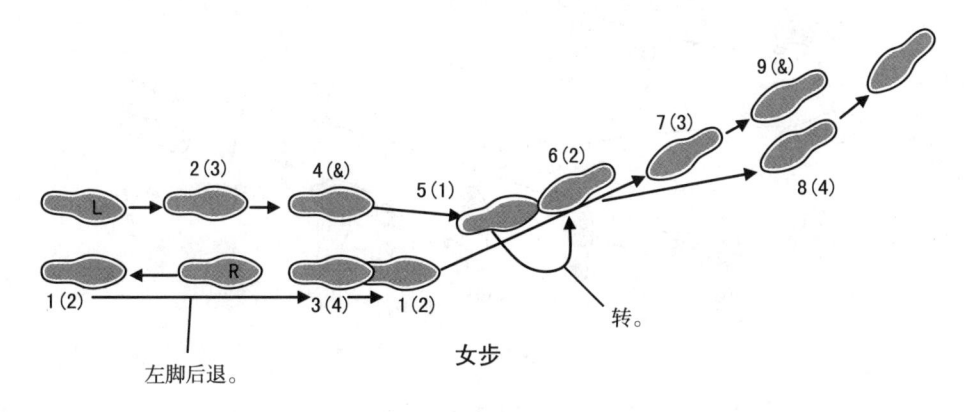

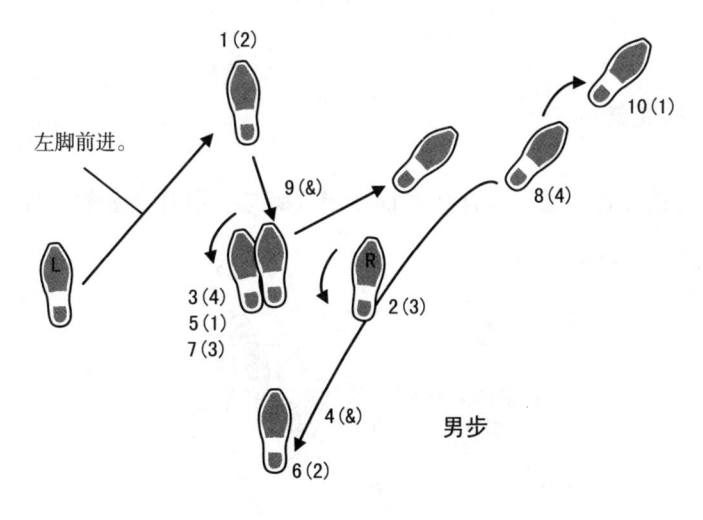

女步

左脚后退。 转。

男步

扇形步

❦ 纽约步

从闭式舞姿开始，女士舞步连续左转 1/4、右转 1/4、右转 1/4、左转 1/4。

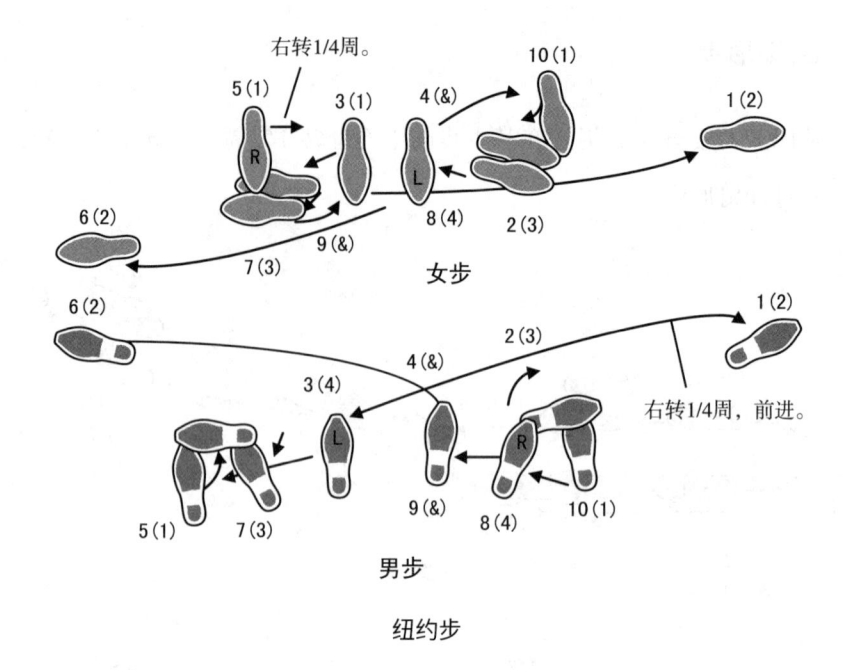

右陀螺转

由闭式舞姿开始，女伴始终保持闭式舞姿，并注意始终不能走到男伴的外侧形成外侧舞姿。

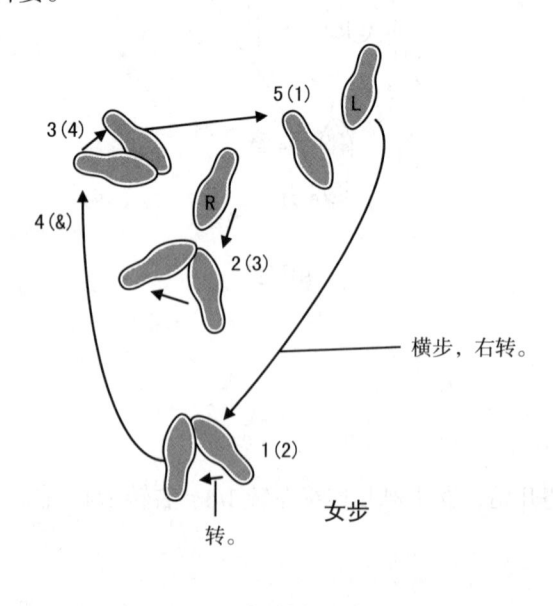

男步

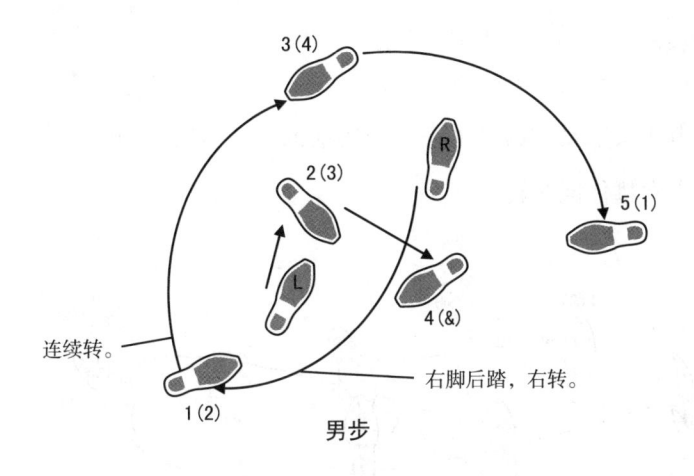

右陀螺转

连续转。

右脚后踏，右转。

❀ 手接手

手接手是两人在合并步时相拉或相对的舞姿，可接点转步、纽约步。

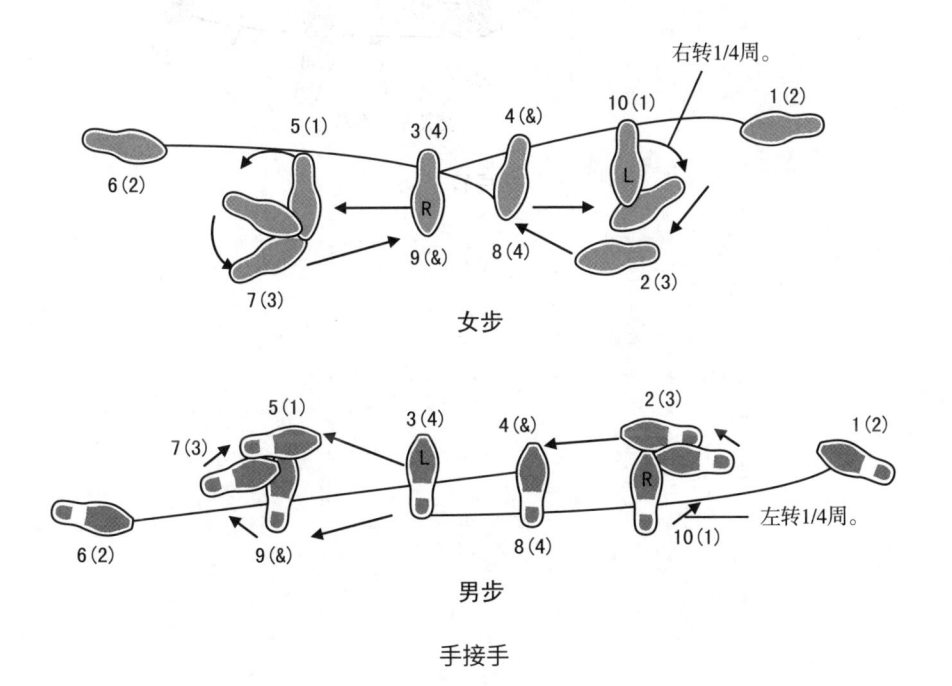

右转1/4周。

女步

男步

手接手

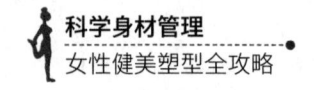

点转

点转舞步要求动力脚交叉在主力脚前面，以双脚掌为轴转身，重心主要在前脚，男女舞伴同时转。

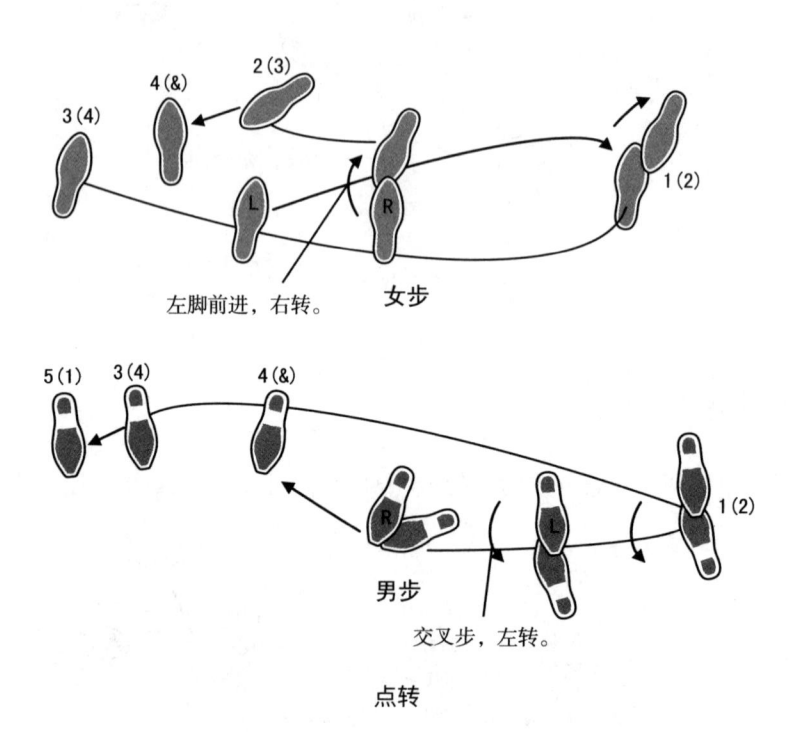

左脚前进，右转。
女步

交叉步，左转。
男步

点转

塑身贴士

不同风格，同样精彩

- 华尔兹

华尔兹是表现爱情的舞种，男舞伴似王子气宇轩昂，女舞伴似公主文静柔和。

华尔兹舞庄重典雅，服装华丽，音乐优美，动作流畅，旋转灵活，热烈而兴奋，转体潇洒，多摆、荡、倾斜和反身动作。

- 恰恰恰

恰恰恰动作模仿企鹅动作，表达男女间的追逐嬉戏。恰恰恰的音乐热情奔放，风格风趣诙谐、热烈又俏美。

恰恰恰以线条拉伸的优美为标准，强调动作的自然、顺畅，臂、胯、腿协调配合，胯部扭摆别有一番韵味。

在学练体育舞蹈之前，一定要先了解体育舞蹈不同舞种的运动风格，这样有助于你选择与自身性格和气质特点相符的舞种，也有助于你更好地学练和表现。

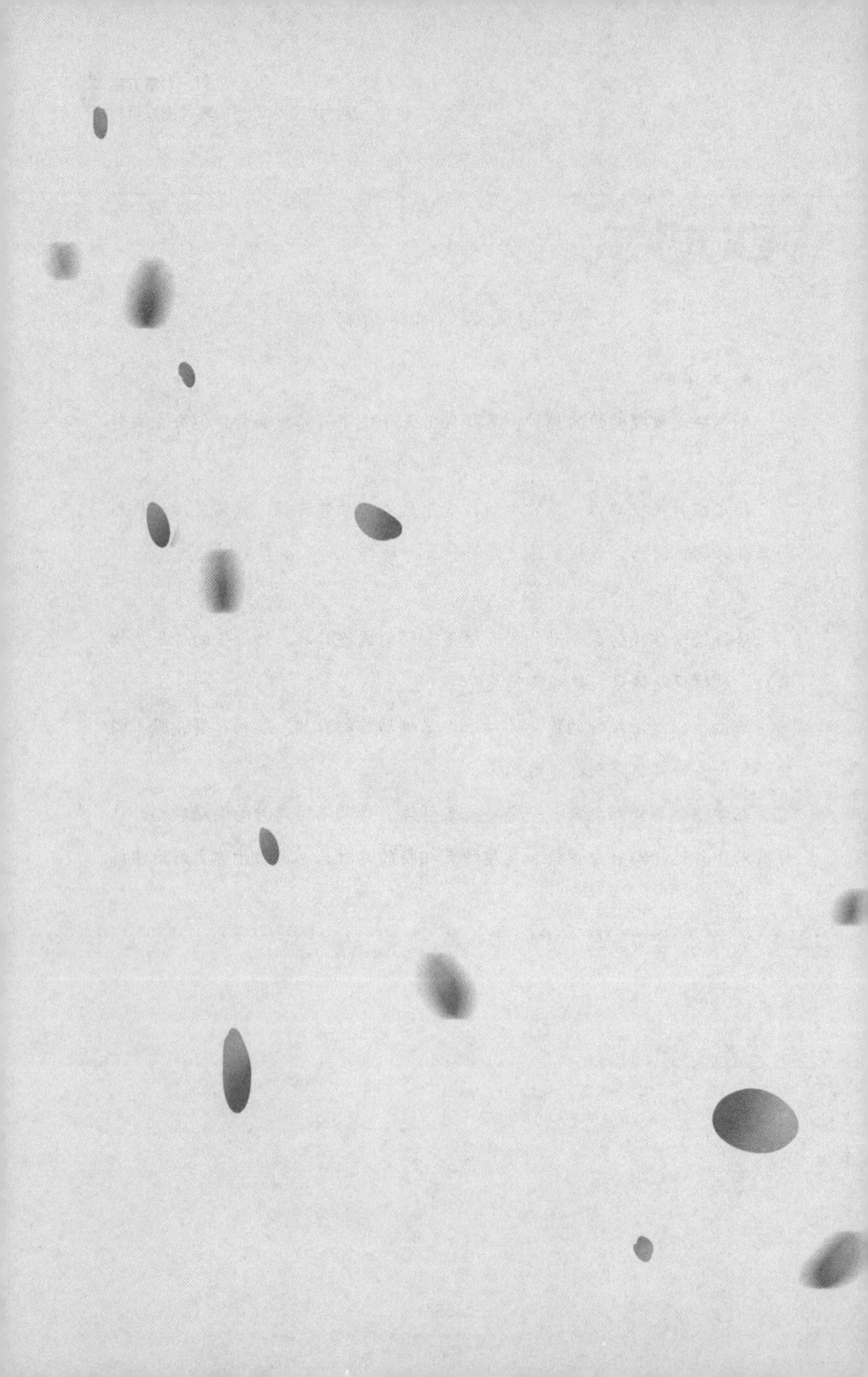

第六章

秀外慧中

克制理性，科学塑身不盲从

要获得健康匀称的体型，你不仅需要积极运动起来，更要克制理性，掌握科学的健身方法。

健美塑身、合理饮食、损伤防护，只有有机结合，方能收获健康。

一起来探索科学饮食与科学损伤应对秘诀和方法吧！

正确看待肥胖

各抒己见

必要的脂肪堆积有助于保护脏器,让体态丰腴、身体线条圆润。但现代女性多偏爱瘦的体型,追求"骨感美"。实际上,胖瘦均要有度,过度肥胖和过度消瘦都不利于身体健康。

环肥燕瘦,各有美感。你是否曾有过运动、节食的经历,这种经历让你感受如何?你是否塑身成功了呢?

什么是肥胖?

作为女性,你的身边一定缺少不了"减肥"的话题。

"我怎么这么重了,我一定要减肥!"

"没想到我的腰围和腿围都这么粗了,减肥要提上日程了。"

"谁知道怎样减肥？少吃能不能减肥啊？"

……

减肥事业似乎贯穿了女性的一生，你一定或多或少地听说过肥胖的危害，最直接的体现就是肥胖让你的体型看起来臃肿不堪，活动起来总感觉"束手束脚"。

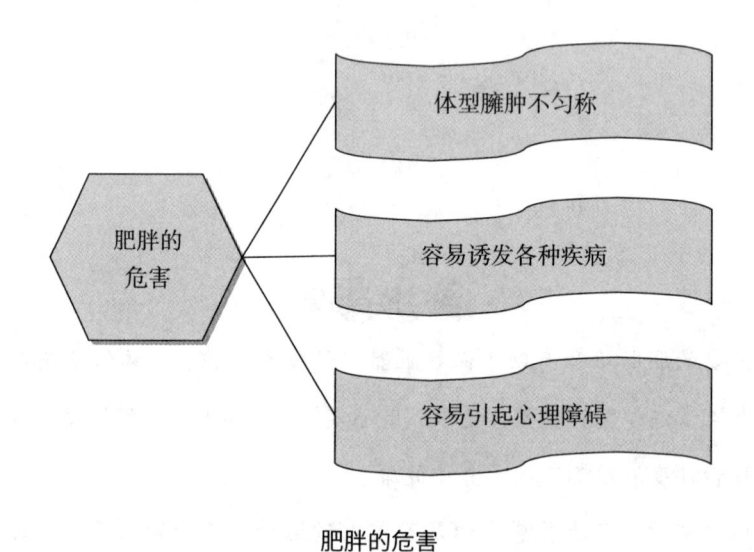

肥胖的危害

- 体型臃肿不匀称
- 容易诱发各种疾病
- 容易引起心理障碍

肥胖不仅会让身体行动不便，还会引发很多肥胖性疾病，因此很多人总是在不停地"与体重做斗争"。

那么，究竟该怎样判断自己是不是肥胖呢？肥胖有什么标准吗？

你可以根据 BMI 指数来进行参考判断，只需要测量出你的身高和体重即可，测量公式为：

$$BMI = 体重（千克） \div 身高（米）^2$$

第六章
秀外慧中：克制理性，科学塑身不盲从

BMI 指数大于 23.0，体型肥胖

BMI 指数为 18.5~22.9，体型正常

BMI 指数不同，肥胖程度也不同

- 如果你的 BMI 指数比 18.5 小，说明你体型偏瘦，注意保持营养均衡。

- 如果你的 BMI 指数在 18.5～22.9 范围内，说明你体型正常，注意控制饮食，防止超重即可。

- 如果你的 BMI 指数在 23.0～24.9 范围内，你属于轻度肥胖。

- 如果你的 BMI 指数在 25.0～29.9 范围内，你属于中度肥胖。

- 如果你的 BMI 指数大于 30.0，你属于重度肥胖，应该将减肥提上日程。

正确看待肥胖

除了遗传因素影响外，大多数女性肥胖的原因是由于摄入的热量过多，即摄入的能量大于甚至远远超过身体消耗的能量。长此以往，就容易产生肥胖。

该如何解决这个问题呢？科学参与运动、科学饮食与营养摄入、科学身材管理是正确且有效的方法。

通过运动来进行科学塑身是我们力荐的健美塑型方法。

运动可以有效消耗能量，当你消耗的能量大于摄入的能量时，就可以达到消除肥胖的目的。你可以参加一些有氧运动，如本书提到的瑜伽、普拉提、健美操、体育舞蹈等，这些运动对塑造健康匀称的身型很有帮助。

在你决定减肥之前，要正确判断自己的体型是否肥胖，是否真的有必要减肥，然后再根据自己的需求和喜好选择塑身运动方法。

要学会正确看待肥胖，即使你此时处于肥胖的状态，也不要过于焦虑。因为过分焦虑可能会引起内分泌失调，反而加重你的肥胖。

肥胖是可以通过科学塑身、控制饮食等方法解决的，在减肥前和减肥过程中保持一个积极乐观的态度十分重要。

控制饮食，但不一味地少吃

各抒己见

"迈开腿，管住嘴"，话糙理不糙，多动可以增加身体的能量消耗、少吃可以减少能量摄入，如此便可以让体重减下来。

在"懒得动"的情况下，很多女性会选择控制饮食，通过节食的方法来控制体重。你身边有没有这样做的朋友？你觉得这种方法可取吗？

除了通过运动来保持和塑造健康身型之外，你还可以通过控制饮食，减少能量摄入量来塑造身型。

但是，需要特别提醒你的是，控制饮食并不代表一味少吃，更不代表不吃，过分节食会导致营养不良，不利于身体健康。

每次吃饭的用餐量少得可怜，一天到晚饥肠辘辘，晚上饿得睡不着只好吃宵夜，周末和朋友、同事聚餐"忍不住嘴馋""暴饮暴食"，如此饮食，并不科学。

通过合理控制饮食，你既能拥有享受美食的机会，又能保持健康匀称的身型。

认识人体所需要的营养

每天人体都会从食物中获得营养和能量来维持生命活动，人体需要的基础营养元素主要有七种。

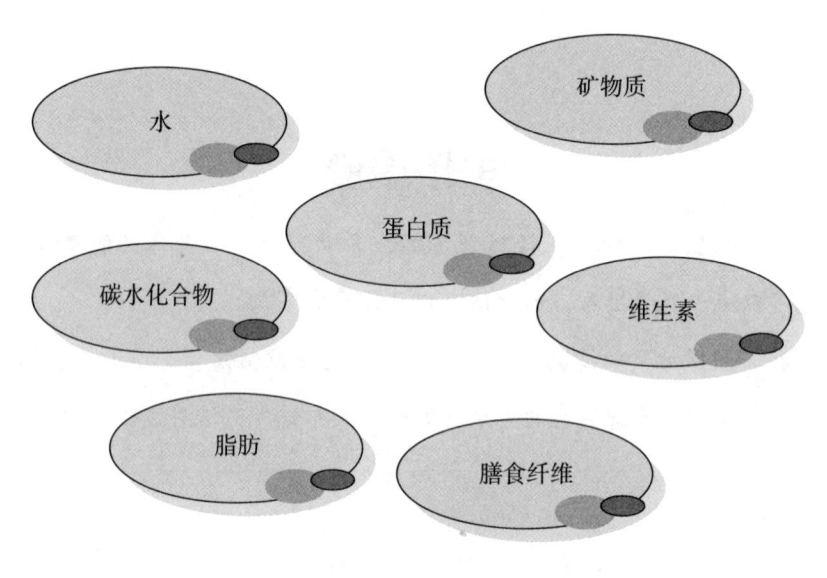

人体需要的七大营养元素

水是生命之源，其重要性不用多说你也了解，人不能长时间缺水，否则就难以生存。

脂肪、碳水化合物（糖）、蛋白质可以通过人体的新陈代谢"化作"燃料，为我们的日常活动提供能量。

日常饮食中，应注意控制碳水化合物和脂肪的过多摄入，因为这两者在体内的过多储存会导致脂肪堆积，进而让身体产生肥胖。

米饭、面条中含有较多的碳水化合物

肉类食物中含有较多的脂肪和蛋白质

矿物质、维生素、膳食纤维虽然不提供能量，但会积极参与身体的代谢活动，是体内环境中非常活跃的营养素。如果这些营养素缺乏，就会影响身体的正常代谢，进而影响身体健康。

在合理的范围内控制饮食

合理控制饮食可以起到塑身的作用，但这并不代表着一味地少吃，你需要关注能量平衡。

能量平衡，简单来理解，就是身体摄入的总能量和消耗的总能量要趋于平衡。

能量平衡和你的体重有着密切的关系：如果摄入总能量和消耗总能量相当，体重可维持在稳定水平不变。

了解了能量平衡和体重的关系之后，你就可以根据这一关系来科学调控每天、每餐的饮食。

首先，你每天吃的食物必须满足人体需要的基本营养元素的要求。

其次，在满足人体需要的营养元素的基础上，你可以尽量摄取比较少的能量。

试想一下，如果为了减少摄入的能量，每天只吃一点点蔬菜，那后果可能就是：你连走路的力气都没有了。

与米饭、面条这类"精致"的碳水化合物相比，你可以考虑全麦、谷类等粗粮，这类食物所含能量较低，但该有的营养元素都齐全，还容易增加饱腹感。

粗粮中含有丰富的营养元素

总之，你需要做的事情是控制饮食，而不是单纯减少吃的量，尽量做到能量平衡，而不是一味地少吃。

少吃固然会在短时间内瘦下来，但从长远来看，你不但失去了享受美食的机会，也容易让身体处于"虚弱"的状态，得不偿失。

养成良好饮食习惯

俗话说"食不言,寝不语",吃饭的时候说话有可能会影响消化,更重要的是你会不知不觉间吃得更多。

想要达到好的塑身效果,就要"管住嘴,迈开腿"。其实,管住嘴并不是不让你吃东西,而是要求你的饮食有规律,营养要全面。

按时吃饭,饮食规律

除了控制饮食的数量,你还要注意养成良好的饮食习惯,比如按时吃饭,这是很多人都会忽略的问题。

有些女性工作、生活非常忙碌,常常会忘记吃饭或者趁着有时间就吃上一口,偶尔还会吃宵夜。长此以往,不仅很容易患上胃病,而且很不利于塑造健康体型。

按时吃饭、规律饮食有助于塑身，很多人都对此抱有怀疑态度：这么简单就能塑身了么？

是的，不用怀疑，良好的饮食习惯会让你摄入的热量达到平衡，不会堆积多余的能量。这样，离塑身的目标是不是更近了？

固定时间就餐。就餐时间最好固定下来，并保持各餐之间不吃东西。

吃饭不要过饱。八分饱即可，如果吃撑了，很容易影响消化。

用不经常使用的手进餐。这样会延缓你的进食速度，更容易吃饱。

缩小餐具尺寸，这样可以有效控制饮食的量。

规律饮食的建议

一日三餐的时间可以根据你的具体情况而定，时间间隔最好保持为5～6个小时，比如可以在7点吃早餐，12点吃午餐，18点吃晚餐，期间不要吃任何东西。最主要的是按时吃饭，养成规律的饮食习惯。

饮食有度，营养均衡

当你做到了按时吃饭，并且可以保持热量均衡，是不是就以为万事大吉，不用费力地塑身了呢？这样想可就错了。

想要最终达到健康的身型目标，你还需要注意摄入充足全面的营养，这样才能保证身体获得充足的营养元素，保持健康的状态。身体健康是塑型的重要前提。

全面均衡的饮食可以参考以下原则：

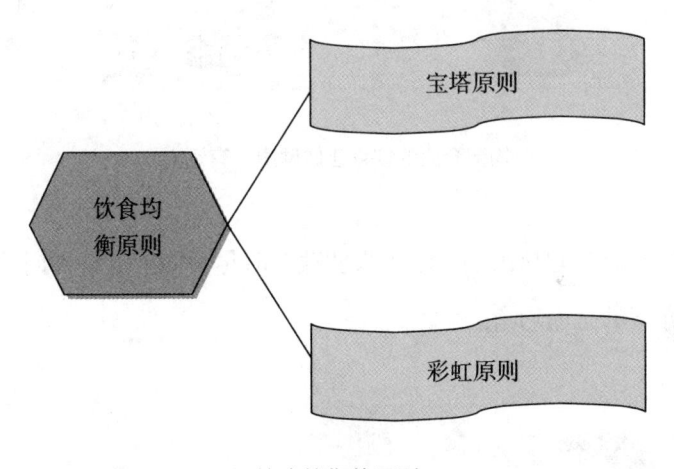

饮食均衡原则 —— 宝塔原则
饮食均衡原则 —— 彩虹原则

饮食均衡的原则

在饮食的数量保持一定的情况下，食物的种类应该尽量丰富、全面。

无论是脂肪、油、糖类，还是肉蛋奶类，抑或是水果、蔬菜类，都应该尽量包括在日常饮食中。根据宝塔原则，保持相应的比例，不要让食物过于单一。

5%
脂肪、油、糖类

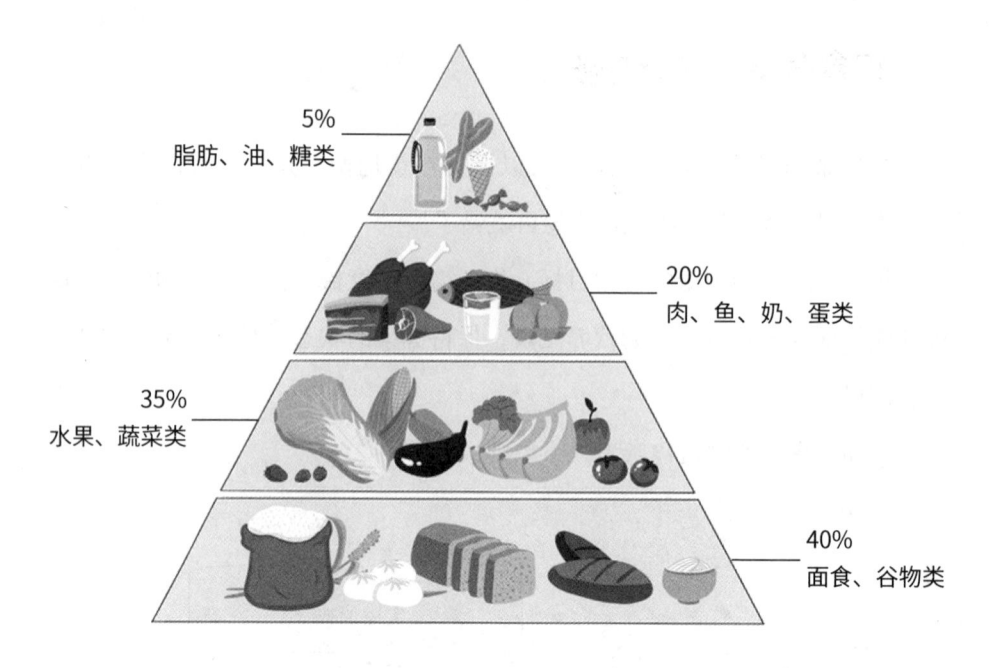

20%
肉、鱼、奶、蛋类

35%
水果、蔬菜类

40%
面食、谷物类

均衡全面的饮食让你健康、有活力

彩虹原则就是建议人们在吃水果和蔬菜时尽量搭配五种不同的颜色，以保证营养元素的全面均衡。

彩虹原则提倡食用的五种果蔬颜色为：红色、橙黄色、绿色、紫黑色、白色。

每天应多吃不同颜色的果蔬

第六章
秀外慧中：克制理性，科学塑身不盲从

塑身贴士

营养素密度

精准控制热量均衡并不容易做到，毕竟不是每个人都有时间和精力去计算每一口食物的卡路里，不过，你可以通过食物的营养素密度对每餐食物的热量做出简单判断与选择。

营养素密度＝（碳水化合物＋微量元素＋纤维）/能量

生活中，常见的营养素密度相对较高的食物有谷物、马铃薯、绿色蔬菜、新鲜水果、谷类等，而米饭、面条的营养素密度比较低，可以减少其食用量。

对于一些不常见或者不常吃的食物，你可以通过手机搜索它们的热量，如果热量较高，可以选择少吃或不吃。

总之，在选择食物时，应尽量选择营养素密度高的食物，这样可以保证营养的全面均衡。

常见伤病如何正确应对

各抒己见

参与运动塑身时,一些不恰当的动作或行为经常会导致你的身体发生损伤。

你有没有过参与运动锻炼受伤的经历?健美塑身过程中,要想最大限度地减少和降低运动损伤伤害,应该怎么做呢?

在科学塑身的过程中,很多女性都有由于动作不到位或者其他原因发生运动损伤的情况。

女性在参与健美塑型运动时最常见的损伤有扭伤、拉伤、低血糖、腹痛等,接下来重点了解下这些损伤发生的原因以及应该如何科学应对它们。

扭伤

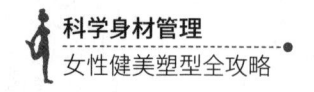

　　脚踝关节、腰部肌肉扭伤在健美塑型运动中较为多发。

　　参与健美塑型运动时，如果脚不小心扭到，你会立刻感到脚踝处疼痛难忍、肌肉肿胀。轻度的脚踝扭伤时，多为疼痛伴有肿胀感，严重的脚踝扭伤会感到走路困难。

　　瑜伽或者普拉提动作，大多都涉及腰部动作，如鱼王式、扭转式、风吹树式、三角伸展式等动作，一旦你用力不当或者用力过猛，腰部肌肉就很容易发生扭伤。

脚踝扭伤后按揉脚踝的女性

第六章
秀外慧中：克制理性，科学塑身不盲从

用力过度、劳损都可导致腰部受伤

❉ 发生原因

在进行健身运动过程中，如果支撑脚没有正确用力或者你心不在焉，或者没有进行充分的热身准备，当踝关节、腰部肌肉突然用力时，就会增加发生扭伤的概率。

❈ 预防措施

在瑜伽等运动中有很多单脚站立的姿势，做这些动作时发生扭伤的概率较大。

为了避免踝关节扭伤，你在运动之前可以进行充分的热身活动，充分伸展脚腕、腰部的肌肉。

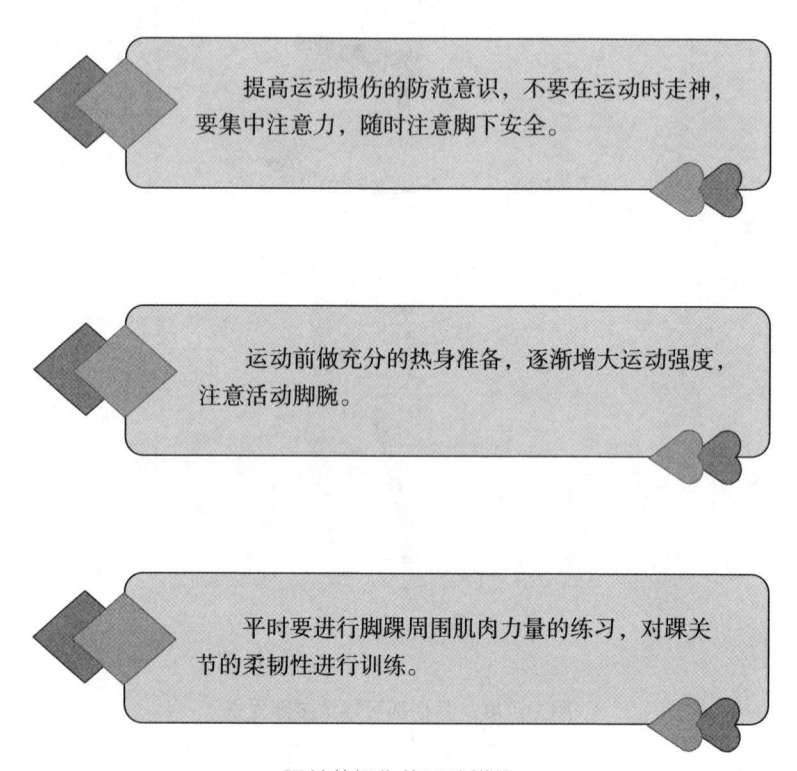

> 提高运动损伤的防范意识，不要在运动时走神，要集中注意力，随时注意脚下安全。

> 运动前做充分的热身准备，逐渐增大运动强度，注意活动脚腕。

> 平时要进行脚踝周围肌肉力量的练习，对踝关节的柔韧性进行训练。

踝关节扭伤的预防措施

❈ 应对方法

一旦踝关节发生扭伤，你首先要做的事情就是：抬高踝关节。

同时，你可以用冰块冷敷，但记得要用毛巾包住冰块，每冷敷10分钟左右暂停 20 分钟，以免冻伤皮肤。

此外，还可以用冷热交替法进行处理，即在热水中浸泡 15 秒，然后迅速移到冷水中浸泡 5 秒，反复更换，这样可以让肿胀得到最快的恢复。

冷敷脚踝能有效缓解扭伤疼痛

在运动过程中，如果腰部肌肉发生了扭伤，你需要立即停止运动，采用冷敷的方式进行缓解。

如果扭伤的疼痛感比较强烈，情况比较严重的话，就需要寻求医生的帮助，立即进行治疗。

拉伤

为了充分伸展自己的肌肉，我们一般会选择一些运动程度不是很激烈的运动项目，比如瑜伽和普拉提，这些项目可以有效改善身体肌肉力量、柔韧性和血液循环等，对塑身有着非常好的作用。

有的女性在参与一些需要柔韧性的塑身动作练习的过程中，会不顾自身条件，急于求成。

例如，在看到其他女性可以轻松做到一些具有难度的动作时，便不顾自身的条件，盲目挑战高难度动作，最终造成肌肉或韧带拉伤。

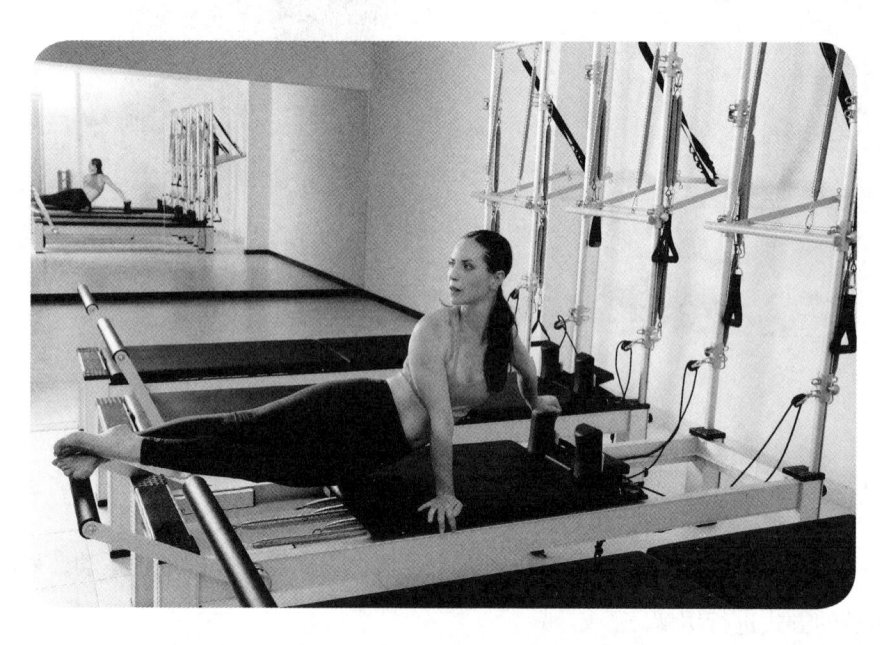

运动不当可能造成韧带或肌肉拉伤

如果你在运动过程中发现某个动作结束后自己的某些肌肉非常疼痛，尤其做伸展动作时痛感加剧，那么，你有可能是肌肉或者韧带拉伤了。

发生原因

运动中之所以出现肌肉或韧带拉伤的症状，通常是因为运动姿势不正确，导致肌肉或韧带处于过度拉伸的状态。

此外，运动前没有进行充分的热身活动，身体没有适应运动状态而突然加大运动强度也可能导致肌肉或韧带拉伤。

动作姿势不正确容易扭伤、拉伤

做动作时控制力不够（如突然下叉）导致幅度过大容易引发运动拉伤

❖ 预防措施

为了避免运动过程中韧带、肌肉拉伤的发生，结合可能的诱因，应积极采取有效措施进行预防。

> 量力而行。你需要了解自己的身体极限，不做超出自己身体极限范围的运动。

> 初学者可以适当放低要求，不必每个动作都做到十分标准，更不要贸然挑战高难度动作。

> 平时注意加强肌肉力量和颈椎柔韧性练习，提高颈椎活动度。

肌肉、韧带拉伤的预防措施

第六章
秀外慧中：克制理性，科学塑身不盲从

塑身贴士

循序渐进、持之以恒

健美塑型一定要遵循循序渐进的原则。不能"一口吃成个胖子"，训练是要由易到难、从简单到复杂，如果追求"一步到位"，就很容易发生不必要的损伤。

此外，健美塑型是一个长期的过程，尤其是健美塑身初期，每一次运动后身体会有各种不适，因此想要坚持运动并不是一件容易的事情，需要持之以恒地坚持运动，有坚持才能有收获。

❧ 应对方法

当发生韧带或肌肉拉伤时，不要慌张，如果情况不是很严重，你可以采取按摩或冷敷的方法进行处理。

一般当你发现自己的肌肉或韧带拉伤以后，最好立即冰敷 15 分钟左右，然后用绷带包扎损伤部位，防止肿胀。

运动性低血糖

如果你进行了长时间大量的运动，却没有注意及时补充水和糖分，你就有可能出现低血糖。

症状较轻的话，你会感到头晕目眩、饥饿乏力、心慌冒冷汗；严重的话，

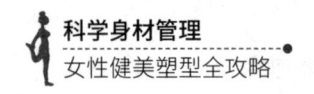

你可能会神志不清、言语含混、身体颤抖、站立不稳,甚至昏倒。

❖ 发生原因

运动中之所以出现低血糖症状,通常是因为运动时间过长,体内的血糖没有得到及时补充造成的。但也有可能是其他原因,比如运动前处于饥饿状态、运动中情绪波动比较大等。

- 运动之前处于饥饿状态
- 运动之前吃了很多食物
- 运动时情绪波动比较大
- 有胰岛病、肝病等基础疾病

运动时导致运动性低血糖的原因

第六章
秀外慧中：克制理性，科学塑身不盲从

❦ 预防措施

为了避免运动性低血糖的发生，可以采取如下措施：

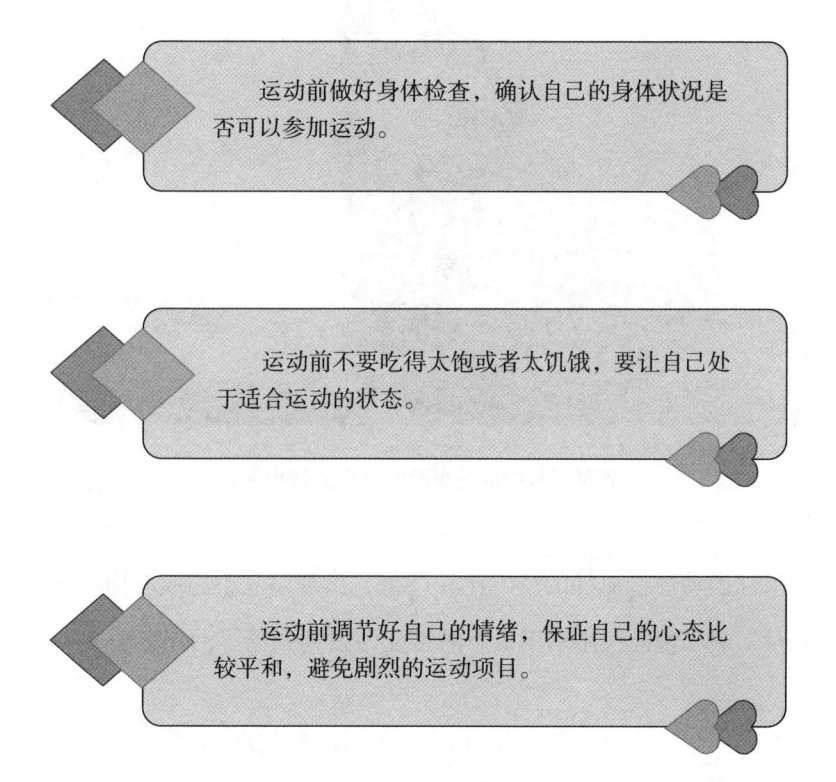

> 运动前做好身体检查，确认自己的身体状况是否可以参加运动。

> 运动前不要吃得太饱或者太饥饿，要让自己处于适合运动的状态。

> 运动前调节好自己的情绪，保证自己的心态比较平和，避免剧烈的运动项目。

运动性低血糖的预防措施

❦ 应对方法

如果你在运动过程中发生了低血糖，不要慌张，应立即停止运动并及时为身体补糖。

尽量喝适量的糖（葡萄糖）盐水，然后注意休息，这样低血糖症状很快就能得到缓解。如果能配合热敷或者对下肢进行按摩，恢复效果会更好。

科学身材管理
女性健美塑型全攻略

运动过程中要注意及时补充盐分和糖分

如果你运动性低血糖的情况比较严重，出现站立不稳或有即将昏倒的症状，此时，应尽快向医生求助，及时接受注射葡萄糖等治疗方法。

运动性腹痛

在运动时，你有没有这样的经历：突然一阵腹痛袭来，让你根本无法忍受，但是当停止运动之后，腹痛的感觉就会减轻或消失。这种情况极有可能是发生了运动性腹痛。

❖ 发生原因

运动中出现腹痛会使运动无法正常进行，而导致运动性腹痛的常见原因主要有热身不充分、剧烈运动、呼吸紊乱等。

运动前，如果没有做充分的热身准备，可能会导致腹痛。

一开始就非常剧烈地运动，会使得内脏一时无法适应高强度的运动，从而产生腹痛。

饭后过早参加运动或者运动前喝太多的水会导致胃痉挛，由胃痉挛引起腹痛。

在高温天气下剧烈地跑步，会使人体水分、盐分流失过多而产生腹痛。

运动过程中呼吸紊乱，导致吸氧量下降而产生腹痛。

运动性腹痛的常见原因

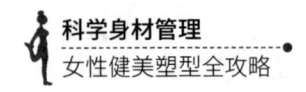

❀ 预防措施

为了避免运动性腹痛的发生，可以提前做好预防，避免可能引发腹痛的一些行为。

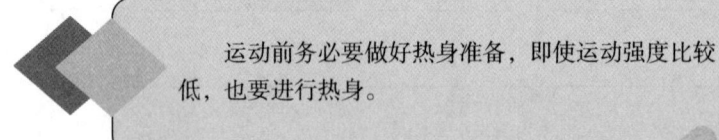

- 运动前务必要做好热身准备，即使运动强度比较低，也要进行热身。

- 运动前和运动过程中不要吃得过饱或者喝大量的水，减轻胃部负担。

- 运动过程中学会正确的呼吸方法，呼吸频率和深度与身体动作协调，保持呼吸平稳。

- 日常健美塑型期间科学饮食，并做好医务监督，及时发现一些生理性的腹痛因素并进行干预。

运动性腹痛的预防措施

第六章
秀外慧中：克制理性，科学塑身不盲从

❖ 应对方法

必要时，应停止运动，然后调节你的呼吸节奏，再用手按压腹部疼痛的位置。休息一段时间后观察状况，若休息一段时间后腹部依旧有明显的疼痛感就要尽快就医。

头部撞伤和擦伤

❖ 发生原因

在瑜伽或者普拉提等项目中会有一些特殊的体位，比如头倒立式、手倒立式、乌鸦式等，如果操作不当就可能会发生头部撞伤和擦伤。

做头倒立式动作要注意头部安全

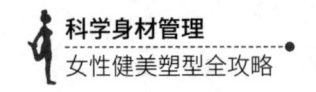

❀ 预防措施

在做头部动作时，需要保证动作姿势的准确性，如果难度较大，动作可以不到位，不要勉强自己，但一定要专心，做好热身活动，否则，很容易发生不必要的损伤。

❀ 应对方法

如果你在做某些动作时，头部发生了擦伤或撞伤，你首先要做的事情就是立即停止运动，轻柔地清洗并烘干受伤区域。

如果伤情比较严重，受伤部位开始流血，可以使用过氧化氢清洗，然后涂上抗生素软膏，用无菌性绷带包扎，及时就医治疗。

第七章

不负韶华

任何时候你都值得拥有好身材

健康相伴、美丽长随是每一个女性的美好愿望。

坚持运动健身，因地制宜、因人而异，也要兼顾不同年龄与时期。

科学管理身材，轻松应对月经期不适、碎片化时间、产后塑身难、年长运动不便等诸多困扰，量力而行、坚持不懈。

积极参与健美塑身运动，不盲从、不偷懒，处于任何年龄段的你都值得拥有好身材！

月经期运动健康与健美锻炼

各抒己见

不同女性在月经期间身体会有各种不适反应。在月经期你还会坚持健身锻炼吗？月经期科学参与运动能促进血液循环、促进经血排出、缓解身体不适。

你知道月经期间的运动健身与健美锻炼需要注意些什么吗？一起来聊聊吧！

月经期可以进行健身锻炼吗？

月经期是所有女性都非常关注的"特殊时期"，对于这一时期的各种事项，女性都会尤其注意，健身锻炼自然也是其中之一。

那么，月经期间到底能不能进行健身锻炼呢？

当然可以。

很多女性在来月经时会有各种身体不适，体力、精力都大大降低，还要忍受各种肌肉酸痛、肿胀、腹痛，一些症状严重的女性甚至需要服用止痛药、卧床休息。

不仅如此，一些女性在月经期还会因为身体内激素的变化而变得情绪暴躁，非常容易生气。

"不愿动""不敢动"是很多女性在月经期对于运动健身的态度。事实上，如果真的久坐不动，腹部受到挤压，会使血液不能正常流动，时间一长，就很容易使血液淤积，这时候只要稍微动一动，血液流动就会非常迅速，使经血量骤然增多，使身体更觉得不适。

更糟糕的是，身体的不适，也会使你的情绪受到影响，你会变得易怒易燥，无法控制好自己的情绪。

事实上，身体健康、月经正常的女性，在经期可以正常参与学习、工作、运动。有些女性可能出现小腹胀痛或者其他不适感，但不会太严重，不会对其正常的学习、工作、运动产生不良影响。

在月经期间，建议女性可以进行一些适当的体育锻炼，而不要完全停止运动。

女性在月经期间进行适当的体育锻炼，不仅有助于减轻经期盆腔充血和减轻小腹的不适感，而且还可以促进女性体内的新陈代谢，改善盆腔的血液循环。

除此之外，女性在月经期间进行适当的体育锻炼，还可以使心情更加舒畅，消除焦虑烦躁的情绪。

当然，也不是所有的女性都适合在经期进行体育锻炼。在月经期间有以下症状的女性，最好不要在经期进行体育锻炼。

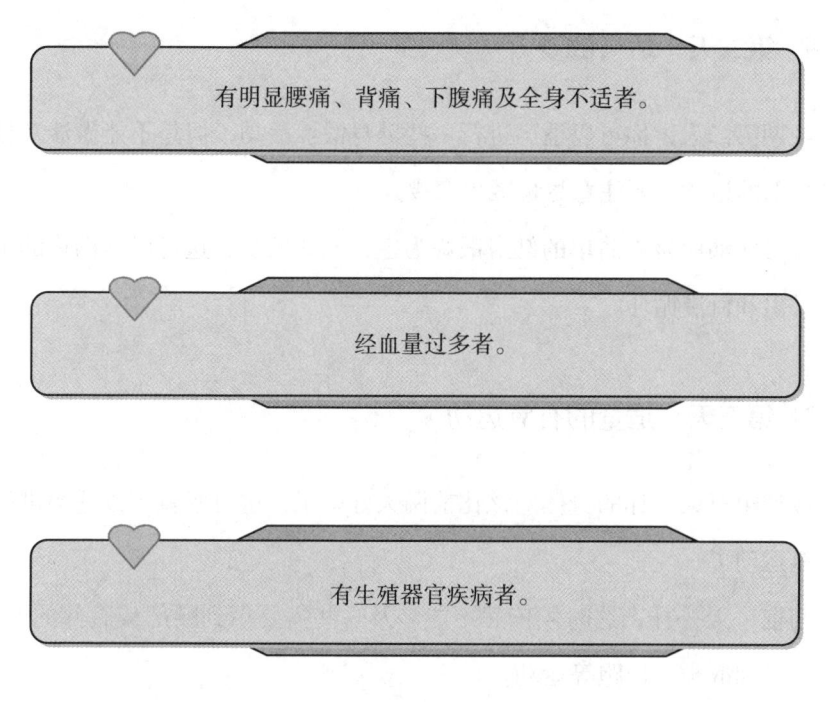

> 有明显腰痛、背痛、下腹痛及全身不适者。

> 经血量过多者。

> 有生殖器官疾病者。

经期不适宜锻炼的女性

经期的健身锻炼建议

❀ 第一天：以休息为主

经期第一天，你的身体正处于最虚弱的时候，这时候不宜进行健身锻炼，只需适当地走走路、活动活动身体即可。

第一天最重要的是要注意好好休息，做好腹部保暖，如果觉得身体畏寒，那么最好尽量减少出门的次数。

❧ 第二天：适当散步

经期第二天，你可以适当进行一些健身锻炼活动，但是不能做涉及腰部或者腹部的运动，要注意尽量减少弯腰。

健身活动应该以简单的健身锻炼为主，比如散步，这可以帮助你的子宫内膜排出和血液循环。

❧ 第三天：适量的有氧运动

经期第三天，你的身体应该比前两天好多了，这时候就可以适当进行一些有氧运动了。

与前一天一样，这时候依然不能涉及一些需要用到腰部或腹部的锻炼。你可以参加散步、慢跑等运动。

经期第三天可慢跑

♣ 第四天：小强度的力量训练

经期第四天，女性的雌性激素开始得到恢复，这正是你进行减脂的好时候。雌性激素对女性的身体有什么益处呢？

雌性激素可以重新刺激人体的脂肪分布，使脂肪积累在女性的胸部和臀部。若在雌性激素恢复时进行健身锻炼，可以达到很好的丰胸、提臀的效果。

在经期第四天，你可以进行的健身项目有平板支撑和深蹲，具体动作方法可参考本书第三章的动作方法介绍，注意合理控制运动强度。

♣ 第五天：恢复性力量训练

经期第五天，你的月经基本已经结束，此时正是组织再生重组阶段，适合进行一些恢复性的力量训练，以举哑铃的动作最佳。

> 左右手交替举哑铃：左右手分别握一个哑铃，轮流将两只手上的哑铃举起至肩膀位置，每次持续举哑铃动作1分钟左右。

> 双手同时举起哑铃：同时将两只手上的哑铃都举至头部位置，每次持续5分钟左右。

> 深蹲加双手举哑铃：双手举哑铃动作加上前面的深蹲动作，这个动作每次需要持续1分钟左右。

> 举哑铃加跑步动作：双手握紧哑铃，同时一条腿前屈，手肘弯曲做摆臂动作，要求保持身体平衡。

哑铃力量训练方法

左右手交替举哑铃

第七章
不负韶华：任何时候你都值得拥有好身材

双手同时举起哑铃

双手举哑铃深蹲

科学身材管理
女性健美塑型全攻略

举哑铃加跑步动作

❦ 第六天：有氧运动为主

到了经期第六天，大部分女性其实身体已经恢复得差不多了，这时候体内的雌性激素还未完全恢复，健身锻炼应该以有氧运动为主。

户外跑步是不错的选择，去公园或者户外其他地方呼吸一下新鲜的空气，调整好自己的心情的同时，也有助于燃脂。

❖ 第七天：恢复日常健身锻炼

经期第七天，身体基本上已经恢复好了，激素水平也基本恢复到了正常的状态，这时候你就可以恢复自己平时的健身锻炼了。

没时间去健身房，办公室 5 分钟塑型

你是不是总是忙于工作与家庭，没有时间去健身房健身呢？

别着急，这里教你几招，不需要出门，在办公室有效利用碎片时间轻松塑型，让你工作、健身两不误！

第一招："伸懒腰"

如果你的办公室比较拥挤，或者你不想站起身来做健身动作，以免显得过于惹眼，那么你就可以尝试以下简单的伸懒腰式办公室健身法。

步骤一：双手握紧拳头，做扩胸动作，持续 1~2 分钟。

步骤二：双手前伸，舒展手部肌肉，持续 1 分钟左右。

步骤三：将握紧的双手慢慢从前往后展开，缓缓向上交叉，持续这一动作 1~2 分钟。

扩胸运动

直臂前伸

直臂上举

第二招:"摇头晃脑"

这一招主要是锻炼你的颈部。长期坐在办公室看电脑,颈部总是保持着同一个动作,因此需要通过一些动作来活动一下颈部,助你塑造天鹅颈。

步骤一:右手放在左耳的位置,把头轻轻地往右边掰过来与肩膀成约60°角,再将头摆直。持续这一动作1~2分钟。

步骤二:左手放在右耳的位置,反方向重复步骤一的动作,时间为1~2分钟。

侧屈颈

第三招："自由体操"

还记得学生时代做的广播体操吗？其实里面的很多动作都可以作为办公室健身塑型的锻炼动作。

步骤一：伸出双手，笔直地举到头顶，然后随着身体的动作慢慢向左下方倾斜到大致 50°，随后摆正身体。反方向重复这一动作。

步骤二：右手叉腰，左手举过头顶直臂上举，然后身体慢慢向左边倾斜大致 45°，随后再摆正身体，换左手叉腰，右手举过头顶。反方向重复以上动作。

第七章
不负韶华：任何时候你都值得拥有好身材

右屈体展臂

屈体直臂上举

科学身材管理
女性健美塑型全攻略

侧展腰

第四招：腿部拉伸

长期坐在办公室不活动，大腿有赘肉怎么办？别着急，这里还有一招腿部塑型方法。

步骤一：压腿。压腿可防止在办公室久坐不动而引起腿部脂肪堆积。将一条腿伸出来，双手交叉按压膝盖处，动作持续1~2分钟，然后换一条腿。重复以上动作。

步骤二：站在距办公桌大概1米的地方，双腿笔直站立，然后让身体缓缓往桌子上倾，手臂撑直，保持这个动作1分钟。

第七章
不负韶华：任何时候你都值得拥有好身材

步骤三：双腿笔直站立，左手往前伸，右脚抬起来并用右手扶住脚跟，保持左腿笔直站立。持续这个动作1分钟，然后调换左右手及左右脚。重复以上动作。

步骤四：双腿笔直呈跨步姿势，双手在背后交叉，要求两腿伸直站稳，保持这一动作1~2分钟。

压腿

科学身材管理
女性健美塑型全攻略

斜位平板支撑

后拉小腿

第七章

不负韶华：任何时候你都值得拥有好身材

弓步拉伸

产后塑身，美丽辣妈这样做

如果你是正在烦恼于产后身材变形的新手妈妈，这里重点推荐几个方便有效的健身动作帮助你进行产后塑身，让你迅速步入辣妈行列！

仰卧提腿

仰卧，双腿并拢，手肘弯曲并将双手放在脑后。收腹，吸气，将膝盖弯曲至90°。保持这一动作2~3分钟。

慢慢用手臂的力量将头部往上托，类似于仰卧起坐的姿势。保持这一姿势2~3分钟。

这个动作可以放松你的腰椎和肩膀，收紧产后妈妈的腹部肌肉。

仰卧提腿

俯卧拉伸

俯卧在垫上，大腿压在小腿上，双手伸直，吸气，收腹。

慢慢将头往下俯，直至额头贴在瑜伽垫上。保持这一动作 5 分钟。

这个动作可以帮助你舒展手部及颈部肌肉，塑造完美身材。

俯卧拉伸

瑜伽鸽式

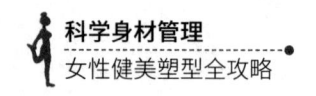

坐在瑜伽垫上,首先你要将双腿伸直,双手自然垂放在体侧。

双手放在脑后,做抱头动作,同时右腿屈膝,左腿慢慢往上抬至左手手肘处。保持这一动作 2~3 分钟。然后反方向再做一组。

瑜伽鸽式动作在本书第四章已详细介绍,这里不再赘述。本书其他章节推荐的局部健美塑型和经典女性塑型运动辣妈均可尝试参与,相信你一定能很快恢复如初。

中老年女性健身健美

随着时间的推移，人体的各器官系统功能日益呈现退化趋势，这就意味着中老年女性进行健身健美锻炼会更加艰难。

不过，别担心，针对中老年女性的健身锻炼，这里也有一套完整的攻略。

坚持晨练

晨练的时间不需要太长，如果你早晨的时间不是特别充裕，那么抽出15～30分钟来进行锻炼就足够了。

晨练的地点最好是树木多、空气好的户外，锻炼的内容最好是一些动作舒缓的运动，比如慢跑、做健身操、太极拳等运动。

在进行健身运动之前，记住一定要先热身，包括伸展手臂、压腿、活动腰部与颈部等。

正在晨练的中老年女性

慢跑

慢跑是适合中老年女性的很好的健身方式，方便易开展。慢跑时，不需要过于追求速度，以身体能承受的速度为最佳。

要是觉得跑步的过程有些无聊，你也可以戴上耳机听歌、听广播、听戏曲，慢慢享受这美好的清晨时光。

力量练习

中老年女性也可以选择舒缓一些的力量型运动，比如举哑铃。

需要注意的是，举哑铃时动作要慢，要轻拿轻放，不宜举得过高，注意把握时间，每次 1~2 分钟即可。要注意自己身体的负荷状况，如果觉得身体不适，应立即停止动作，多加休息。

享受慢跑

轻重量哑铃健身

塑身贴士

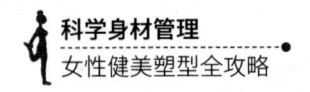

随时锻炼，集中锻炼

如果平日忙于工作、家务或其他琐事，那么就要学会在日常的工作与生活中随时利用碎片时间来进行健身塑型锻炼。

随时锻炼的动作应以简单易进行为主，比如前后踢腿、伸腰、扩胸、两脚轮流踏地等。随时随地的身体活动能让你始终保持活力。

除了坚持平时的健身外，每周和每个节假日，你也可以进行一次集中的健身锻炼活动。

集中健身的锻炼项目有很多，可以是跑步、体操、球类运动，也可以是难度更大一些的瑜伽、健美操等。

参考文献

[1] 王晓斐.看图学女性家庭健身（初级版）[M].北京：人民邮电出版社，2021.

[2] [美]丽萨·珀塞尔（Lisa Purcell）.肌肉训练完全图解：女性形体健美[M].姚妍婷，译.北京：人民邮电出版社，2021.

[3] [英]迪安·霍奇金.女性健身精要[M].高旦潇，译.北京：人民邮电出版社，2020.

[4] 李彬茹，吴栋.女性家庭健身基础(全彩图解版)[M].北京：人民邮电出版社，2020.

[5] 朱燕.现代礼仪学概论[M].北京：清华大学出版社，2006.

[6] 赵晓玲，彭波.形体训练（第三版）[M].北京：科学出版社，2012.

[7] 廖成惠.瑜伽初级入门[M].北京：北京理工大学出版社，2015.

[8] 美梓.瑜伽从新手到高手[M].北京：北京联合出版社，2015.

[9] 郑影.瑜伽练习完全手册[M].福州：福建科学技术出版社，2010.

[10] 吴振巍.普拉提（从入门到精进）[M].北京：北京理工大学出版社，2016.

[11] 韩俊.普拉提教程：初学到高手[M].南京：江苏科学技术出版社，2016.

[12] 李德玉，胡素霞.健美操（第二版）[M].北京：化学工业出版社，2018.

[13] 黄荣，张鹏，王彦旎.健美操[M].北京：清华大学出版社，2015.

[14] 姜桂萍.体育舞蹈（第二版）[M].北京：高等教育出版社，2017.

[15] 朱萍.体育舞蹈[M].杭州：浙江大学出版社，2016.

[16] 王珂，王家彬.体育舞蹈与流行交谊舞[M].西安：西北工业大学出版社，2007.

[17] 陈松娥.运动健身与合理营养[M].长沙：湖南大学出版社，2007.

[18] 邹克扬，贾敏.运动医学[M].北京：北京师范大学出版社，2010.

[19] 冯艳.瑜伽运动常见损伤分析及对策[J].卫生职业教育，2008（23）：140-142.

[20] 阳明君，李业幸.瑜伽教学中的运动损伤与预防[J].桂林航天工业高等专科学校学报，2008（2）：108-110.

[21] 人力资源社会保障部教材办公室.形体训练（第四版）[M].北京：中国社会劳动保障出版社，2016.